CHV

Ludwig Harig

Trierer Spaziergänge

Mit Zeichnungen von
Hans Dahlem

Carl Hanser Verlag

ISBN 3-446-13815-3
2. Auflage 1983

Schutzumschlag: Klaus Detjen, unter Verwendung
einer Grafik von Hans Dahlem
Satz: LibroSatz, Kriftel
Reproduktionen: Repro Knopp GmbH, Inning am Ammersee
Druck und Bindung: May & Co, Nachf., Darmstadt
Printed in Germany

Es war nicht meine Absicht, einen Querschnitt zu geben. Der Leser kann also nicht sagen: »Er denkt, er hätte ein zutreffendes Bild vom Süden gezeichnet.« Und ich glaube auch nicht, daß ich das getan habe. Ich habe nur wiedergegeben, was ein paar Menschen gesprochen haben und was ich sah. Ich weiß nicht, ob sie typisch waren oder ob sich daraus ein Schluß ziehen läßt.

John Steinbeck, Meine Reise mit Charley

Heiteres Antlitz, fröhlicher Sinn

Ankunft in Trier

Ich kam, wie Ausonius, vom Hunsrück an die Mosel.

Onkel Emil legte den Kühen das Joch an die Stirn, spannte sie vor den Leiterwagen, hob uns hinauf auf den Bock, und bergab gings durch den Buchenwald, immer am Altlayer Bach entlang, in die dunkle Tiefe.

Das war vor fünfzig Jahren, irgendwann in den Sommerferien, als das Wetter noch beständiger, die Verhältnisse aber wechselhaft und nicht lange stabil blieben, im Unterschied zu heute, wo es zwar auf und ab, aber nicht gerade in den Untergang geht, doch auf das Wetter überhaupt kein Verlaß mehr ist. Damals, zu Anfang der dreißiger Jahre, verbrachten wir unsere Ferien bei Mutters Verwandten auf dem Hunsrück, in Laufersweiler, in Sohren, in Altlay, mein Bruder schnitt Grimassen hinter Tante Paulines Rücken, und ich trat in ein Wespennest und schürte dadurch die allgemeine Aufregung zur Hysterie. Nur Onkel Emil verlor die Fassung nicht, er schob seine Mütze in die Stirn, bugsierte uns auf den Kuhwagen und lenkte die Tiere am Zügel aus dem Dorf.

Es führt ein geschlungenes Tal von Altlay an die Mosel. Gleich hinter den schiefergedeckten Fachwerkhäusern beginnt der Wald, und so schleppten wir den Duft der Misthaufen mit durch die Buchengehölze und die Tannenstücke immerzu abwärts die Schotterstraße hinunter nach Zell. Das hellblaue Wasser des Bachs hüpfte neben uns her über die Schieferplatten, und als dann die Weinberge zu beiden Seiten aufragten und rechterhand die lange Straßenzeile von Zell erschien, sprang Onkel Emil vom Bock und führte die Kühe am Geschirr.

Wir hielten in der Mitte des Städtchens an, sprangen auf die gepflasterte Straße, und Onkel Emil schlang die Zügel durch einen Eisenring, der dort an einer Hauswand befestigt war. Vor uns stand, mit vielen Wappen und Zwiebeltürmen, des kurtrierischen Amtmanns gedrungenes Schloß, in dem Kaiser Maximilian seine Fahrt zum Reichstag nach Trier unterbrochen und eine feste Mahlzeit mit gebackenen Moselfischen verzehrt hatte.

»Ja, Trier!« sagte Onkel Emil, rückte seine Mütze aus der Stirn, zeigte mit dem Finger flußaufwärts und sagte dabei etwas so Unglaubliches, so Geheimnisvolles und Wunderbares, daß es mir wie aus einem Märchen erschien und nicht als etwas Wirkliches, wo ich hingehen und es sehen und dranfassen und es womöglich als Fotografie kaufen und mit nach Hause nehmen könnte. Er sagte: »Wenn die Mosel noch viele Male einen Krampen geschlagen hat und der Wein fast am Ende ist, dann kommt die Stadt Trier, dort gibt es im Museum ein Weinschiff aus Stein gemeißelt, das wird gerudert von Knechten, die haben Köpfe so groß wie die Weinfässer auf dem Schiff.«

Bis zu diesem Augenblick hatte ich, als Saarländer, nur Bierfässer gesehen, und plötzlich, an einem Sommertag in Zell an der Mosel, erschienen mir in meinem Kopf alle diese saarländischen Bierfässer, wie sie die Bierknechte von den Bierwagen in die Bierkeller rollten, und ich stellte mir vor, wie groß und dick und rund ein moselanischer Menschenkopf sein müßte, wenn er so groß, so dick und so rund ist wie der Deckel eines Fasses. Was mochten das für Fässer, und was mochten das für Menschen sein, und wie kam es, daß Onkel Emil, der doch sonst ein einfacher und nüchterner Mensch war, sein Hirn so angestrengt mit moselanischen Menschenköpfen beschäftigte?

Ausonius, der Hauslehrer und Hausdichter des Kaisers Valentinian, fuhr mit der Postkutsche an die Mosel. Von Bingen über Stromberg und Dörrebach, an Simmern und Denzen vorbei über die Hunsrückhöhenstraße liefen die Pferde, »durch starrende Wälder«, sagt der Dichter, »ohne je Spuren zu schauen von menschlichem Anbau«, und hinter Sohren, wo die sarmatischen Pflanzer von der Theiß angesiedelt waren, erreichte der Postwagen den Stumpfen Turm von Hinzerath. Da steht er heute noch, hinter ein paar Tischen und Bänken und einer sonntags immer gefüllten Mülltonne, links an der Straße.

Das war vor eintausendsechshundertfünfzig Jahren, irgendwann in den Sommermonaten, als das Wetter gleichfalls von schöner Beständigkeit, die Verhältnisse aber wie damals in den dreißiger Jahren launisch und schwankend und die römischen Legionen bei Sulz und Ladenburg am Neckar gegen die Alemannen zu Feld gezogen und wieder auf dem Rückweg ins kaiserliche Neumagen waren. In der Postkutsche saß Ausonius, der Dichter, mit Bissula, einem schwäbischen Mädchen, das der Kaiser ihm als Kriegsbeute geschenkt hatte, »blau ist dein Auge, es wallt golden vom Haupte das Haar!« singt er, und wenn der Stumpfe Turm damals genauso ausgesehen hat wie er heute aussieht, dann sahen sie beide das runde, gedrungene Bauwerk neben dem Gerstenacker liegen, farbig der Schiefer, grau, blau, rosa, ein paar rote Sandsteine, ein paar marmorierte Specksteine dazwischengemauert, mit einem zarten olivgrünen Hauch von Flechten überzogen.

Von Büdlicherbrück aus steigt die Fahrstraße zwischen steilen, bewaldeten Hängen ins Dhrontal hinab. Der Schiefer bleckt aus Ginster- und Krüppelbirken hervor, unterhalb des Dhrontal-Stausees, auf dem kleinen Rastplatz, sitzt ein älteres Paar auf Klappstühlen an einem Campingtisch, sie kommen aus Luxemburg, und ihr Auto ist frisch gewaschen und blank poliert. Um die Ecke, in der Breitwiesmühle, ist Stefan Andres geboren. Er erzählt in einer seiner Moselländischen Novellen: »Im Stundenwald hinter Naurath, wo die neue Chaussee und die alte Römerstraße im Tannendunkel sich nähern, steht plötzlich in der großen Einsamkeit eine Benzinpumpe.«

Das luxemburgische Picknick im Stundenwald dauert an, der Mann hat eine Straßenkarte auf der Motorhaube ausgebreitet, die Frau sitzt in ihrem Klappstuhl und blättert in einem Reiseführer. Steht ihnen der grüne Dämmer des Hunsrücks oder die lichte Bläue der Mosel bevor, haben sie vorgesorgt, Luft genommen und vollgetankt? Die Benzinpumpe ist längst verschwunden, und der Knabe Titus, der sie für seinen Vater besorgte, hat eine Stellung in der Stadt angenommen.

Nach einer Kurve, wo es rechterhand ins Dhrönchen geht, springen die Berge zurück, die Landschaft öffnet sich ins Flußtal, und Trittenheim, mit seiner gelben Kirche, sonnt sich breit im Moselbogen. Durch den Weinberg schlingt sich der Pfad hoch über dem Tal, er führt zur Konstantinshöhle und ist nur für Fußgänger bestimmt. Aber zwischen den Weinstöcken kommt ein Reiter hervor, breitbeinig und brünett, mit einem Haarband in den Locken, er sitzt auf einem Apfelschimmel und sieht aus wie Kaiser Konstantin persönlich auf der Trierischen Goldmünze von 315.

»Hier weht freier die Luft im Gefild, es erschließt uns der Sonne/ heiterer Strahl nun wieder das leuchtende Himmelsgewölbe!« singt Ausonius, er sieht Neumagen vor sich liegen, »des seligen Kaisers, Konstantins, stolzprangende Burg«, und weit holt er aus mit schwärmerischen Versen. »Des sonnigen Tags hier frei erstrahlende Bläue/ gönnt uns den Blick ins flüssige Gold des glänzen-

Der fröhliche Steuermann aus dem Landesmuseum

den Äthers«, ruft er aus, »da trieb alles zum Schaun und zu frommer Verehrung der Heimat,/ meines prächtgen Bordeaux, mich an mit schmeichelndem Scheine:/ schroffaufragende Giebel der Villen am Hange des Ufers,/ Höhen, umkränzt mit des Weinstocks Grün.«

Da liegt Neumagen, weiß und blitzblank in der Nachmittagssonne, die Sonntagsausflügler, mit roten Köpfen und glänzenden Augen, spazieren durch die Hauptstraße, sitzen auf den Weinterrassen, schwadronieren von Abenteuern aus dem letzten Krieg. Der Pächter der »Ausoniusschänke« heißt Krebs, womöglich ein Moselaner wie Nikolaus Chrypffs, der große Nikolaus von Kues, im Ausschank gibt es Binding Bier, Römer Pils mit dem Adler, den auch die gelockten Legionäre in ihren Feldzeichen tragen, hoch zu Roß und lächelnd wie die Komparsen aus der Bierfilz- und Fernsehwerbung.

Und tatsächlich, neben der Kapelle, unter mächtigen geschuppten Platanen, gelb und auf brusthohen Sockel gesetzt, steht da das Weinschiff aus Stein gemeißelt, dessentwegen Onkel Emil aus Altlay schon sein Hirn zermartert und so geheimnisvoll gesprochen hatte, und das gerudert wird von Knechten, deren Köpfe so groß und so dick und so rund sind wie die Weinfässer auf dem Schiff. Zweiundzwanzig Ruder, eines dicht neben dem anderen, ragen unter der Bordwand vor, aber es sitzen nur sechs Ruderknechte vor den Fässern. Hinten hat der Steuermann Platz genommen und hält ein Ruder, breit wie ein Spaten, und vorne sitzt ein anderer, kopflos, aber mit breiter Hand, der stützt das erste Faß, damit es nicht über die Bordwand rollt.

Hier ist die Mosel, und hier sind die Weinfässer; hier ist der Strom, und hier ist dieses sonderbare Schiff mit den moselanischen Ruderknechten! Schon Onkel Emil hatte darüber gerätselt, aber Ausonius, fast zweitausend Jahre vor ihm, hatte diese Schiffe mit eigenen Augen flußabwärts gleiten sehen, »und es zerschneiden des schnellsten die Ruder die eilenden Wogen«, so beschreibt er ihre Fahrt. Freudig begrüßt er den Strom und ruft: »Heil dir, Strom, dich preiset das Land, dich preisen die Leute!/ Dir dankt Trier, daß der Kaiser es gnädig erhoben zur Hofstatt!« Ja, Trier, da haben es der hunsrücker Bauer und der römische Dichter nicht mehr weit, drei Krampen von Neumagen und noch ein paar mehr von Zell herauf.

Trier ist ein Nest, aber eins mit Nesseln ausgekleidet, ein Netz, aber keins ohne Fangfaden. Und erst die Trierer! Sie sind die Schlangen im Nest, die Spinnen im Netz, doch wenn, bei allerfreundlichstem Wetter, die Verhältnisse unstabil werden, dann regt sich was. Ein Trierer Theologe, gebürtiger Saarländer aus Eppelborn, sagte zu mir: »Trier ist das Auge des Orkans. Rundherum ist ein großes Getöse.«

Zuerst nähert man sich mit kindlicher Unbefangenheit, dann mit literarischer, ja platonischer Berührungsangst, bevor die Distanz immer geringer wird, man schließlich mittendrin ist und prompt seine Unschuld verliert. Ich, als Saarländer, kam unter die Trierer wie Hyperion als griechischer Jüngling unter die Deutschen kam, forderte nicht viel, wie er, und war, wie er, gefaßt, noch weniger zu finden. Aber während Hyperion statt schöner Seelen nur Barbaren vorfand, traf ich anstelle der Barbaren die schönen Trierer Seelen an, keltische, römische, fränkische, mittelalterliche, republikanische, wilhelminische, moderne kommunistische Seelen mit Köpfen, groß, dick und rund wie Weinfässer.

Das ist nun schon über dreißig Jahre her, aber jede Einzelheit ist mir noch in allerbester Erinnerung. Es war in den Herbstferien, und ich kam mit Brigitte, meiner Freundin, im Zug aus Saarbrücken. Die französische Zöllnerin von Saarhölzbach wühlte in unserer Reisetasche, sie war mürrisch wie immer, und ihre Uniform roch wie immer nach kaltem Zigarettenrauch. Draußen vor dem Zugfenster schwollen die Trauben an den Stöcken, und die Reben erzählten uns von köstlichen und berauschenden Säften.

Brigitte hatte sich ein neues Nachthemd gekauft, es war hellblau und aus Charmeuse, langgeschnitten und laufmaschensicher. Die Seide war so kunstvoll gewebt, daß abwechselnd je ein glänzendes und ein mattes Quadrat von einem Zentimeter Seitenlänge aufeinander folgten, und zwar reihenweise versetzt, so daß auch nach oben und unten einem glänzenden immer ein mattes Quadrat gegenüberlag und umgekehrt und das Nachthemd aussah wie ein orientalisches Schachbrett aus tausendundeiner Nacht. An der Seite, links und rechts, war je die Hälfte eines Gürtels angenäht, der nach hinten geschnürt wurde und, wenn er fest geschlossen war, dem ganzen Nachthemd die Gelegenheit gab, die Hüften der Trägerin des Hemdes besonders deutlich hervortreten zu lassen.

Es war ein Charmeusehemd, und so wie dieser Name all die zauberische Anmut, den beschwörenden Liebreiz, ja den behexenden Magnetismus des Gewebes verrät, so enthüllte und verbarg zugleich eine Spitzenbordüre die zarten Partien des Busens. Ja, dieses Trierer Hemd war vorne am Ausschnitt mit einer Spitze besetzt, glatt geschnitten nach der Hals-, wellenförmig geschnitten nach der Brustseite, und nach Brigittes Beschreibung war diese Spitze so dünn und so weitmaschig geklöppelt, daß wir, in Trier angekommen, im ersten Hotel beim Hauptbahnhof abstiegen.

Das Hotel hieß Terminus, es war aber nicht unsere Endstation, sondern der Anfang von allem. Terminus, der alte römische Gott des Grenzsteins, stand zwar nicht mehr breitbeinig da und feierte sein Fest, die Terminalia, wie am sechsten Meilenstein der Via Laurentina, auf der anderen Seite der Alpen. Das war auch gar nicht nötig, o nein, wie feierten unsere Terminalia auch ohne ihn, hier in Trier, breitbeinig wie er, und es war nicht der letzte Tag des römischen Jahres, sondern der erste Tag des neuen Lebens überhaupt.

War das Hotel Terminus einst nicht ein prächtiges wilhelminisches Bauwerk aus den Gründerjahren, mit schmiedeeisernen Balkonen und behauenen Fensterstürzen, ein Prachtgebäude, das längst abgerissen und durch einen Funktionsbau der sechziger Jahre ersetzt worden ist? »Wo heute die Post ist, war früher das Terminus«, sagt die Taxifahrerin, und ihr volles, rundes Gesicht erscheint im Seitenfenster des Mercedes wie ein Porträtphoto in eloxiertem Metallrahmen, »aber dat is schon nicht mehr wahr.« Sie betont das Wort Terminus auf dem I und lenkt unsere Gedanken in die falsche Richtung.

Hinter der Hofmauer des Klinkerbaus mit den nackten quadratischen Einglasfenstern leuchtet das Postgelb der VW-Käfer, auf den Vordertüren blitzt das Posthorn mit den Pfeilen, und die Schiebetüren der Transporter lehren das Evangelium der Post: »Schreib mal wieder!« Wir setzen unseren Fuß auf die Schwelle, wir schreiben nicht erst, wir sind schon da.

Vorne im Schalterraum steht eine Glasvitrine mit Hamacher Kerzen, in der Mitte, zwischen Briefschalter und Paketschalter, ragt eine gigantische Aluminiumplastik zur Decke auf. Das volle Antlitz Triers erscheint in dieser Halle und auf eine Viertelstunde zusammengedrängt als ein aufgeblähtes historisches Doppelgesicht. Der Janus schaut ins erste und ins einundzwanzigste Jahrhundert. Ist Trier eine Devotionalienhandlung, oder ist es ein Forschungszentrum, oder ist es gar beides zugleich?

In der Kerzenvitrine sind Taufkerzen, Brautkerzen, Jubiläumskerzen ausgestellt für Werbepräsente, Heimatfeste, Pfarrbesuche. Zweierlei ist in das Wachs modelliert, sicherheitshalber entweder das eine oder das andere, aber nichts schließt sich aus: weder die Apfelernte noch die Weinernte, weder das Vaterunser noch das Gegrüßt-seist-du-Maria, weder der sperrige, dornige Rosenstrauch noch die ineinandergeschmiedeten Trauringe, weder die Noten zu Mozarts »Laudate dominum« noch die betenden Hände von Dürer. Alles dies, den Vater und die Mutter, den Trinker und die Haushälterin, vereinigt in sich ein großer hölzerner Mönch mit Korbflasche und Schlüsselbund und mit braunem Käppchen auf dem großen, dicken, runden Moselkopf.

Die Aluminiumplastik ist entweder eine postalische Vegetation oder ein postalisches Anthropomorphikum, in diesem Augenblick eine begriffliche Pflanze mit vierzehn Blütenknöpfen und im nächsten eine idealische Hand mit vierzehn Fingern. Sie symbolisiert das Gestrüpp der Tarife und Versendungsformen und stellt die Hände dar, durch die die Briefe und die Päckchen wandern. Ein Schalterbeamter sagt: »Das soll der Baum der Brieftauben sein«, ein anderer meint: »Nein, das ist die Faust des Chefs, aber der Künstler ist bei der Einweihungsfeier plötzlich verschwunden gewesen, als wir ihn fragen wollten, was es bedeutet.«

Auf dem Rondell vor dem Hauptbahnhof, im Schnittpunkt der Alleen, steht Erzbischof Balduin in Bronze, er war Landesherr und Reichsfürst, ein Eckpfeiler des deutschen Beamtenstaates. Durch Kauf und Belehnung, durch Tausch und Dienstvertrag band er Vasallen ans Reich, schwang sich aufs Roß und ritt nach Rom. Wie ein Johanniter, mit rotem trierischem Kreuz im Silberschild, wie Kaiser Rotbart, mit scharfem Hieb bis auf den Sattelknopf, focht er gegen die Orsini. Als sein Schwert zerbrach, sein Pferd unter ihm zusammenknickte, rief er im Kampfgetümmel: »Deutschland!«, ein früher Schlachtenbummler, ein Abwehrrecke, ein Hort der Sicherheit. Da steht er jetzt, für alle Zeiten festgegossen, sein Hut ist von

Figurengruppe im Landesmuseum

Grünspan gefleckt, sein Bronzemantel von Bordkanonen durchlöchert, aber unbeirrt harrt er auf seinem Sockel aus und schaut nach der Provinzialversicherungsanstalt, im Rücken die Sparkasse und die DEVK, eine weitere Versicherungsgruppe. Sein Kopf ist nicht dick und rund, wie es sich für einen Trierer gebührt, verkniffen schaut er auf den Kofferträger mit der grünen Mütze, auf den Plakatkleber mit der Leimbürste, auf die Kellnerin mit den gefüllten Römern, wie sie, vergnügt und pyknisch, die Gehsteige an der Kreuzung beleben.

Jetzt sind wir auf dem richtigen Weg. An der Ostallee, im Landesmuseum, buchstabieren wir das Wort Terminus wieder auf lateinische Weise, es ist Grenze und Begriff, Grenzzeichen und Begriffsform. Das Grenzzeichen heißt Sichverhalten, und die Begriffsform heißt Sichbefinden, das ganze Museum ist ein römisches Terminal. Jeder sieht sich um, und jeder erkennt jeden wieder. Wir, an der Grenze, verhalten uns richtig, wir haben die Zeitläufte begriffen und befinden uns wohl, sagen die Trierer, und nicht nur aus den Gesichtern aus Fleisch und Blut, auch aus jedem steinernen Antlitz leuchtet fröhliches Wiedererkennen. Hier sind sie alle versammelt, stämmige, untersetzte, pausbackige Götter und Helden, alle mit Köpfen der Ruderknechte, so groß, so dick und so rund wie Faßdeckel, lauter Doppelgänger, Zwillinge, Drillinge aus einer weitverzweigten Sippe.

Jetzt stehen wir endlich vor dem steinernen Weinschiff, von dem uns Onkel Emil aus Altlay so aufgeregt erzählt hatte, und diesmal ist es das echte, das wirklichwahrhaftige Schiff, wie es vor hundert Jahren in Neumagen gefunden wurde und nicht eine Nachbildung wie unter den Platanen bei der Neumagener Kapelle. Aber die Trierer Schiffer sind viel unkenntlicher als die Neumagener, der Stein ist angeschlagen, abgestoßen, zerbrochen, und von den acht Köpfen der Ruderknechte ist nur ein einziger unversehrt geblieben. Es ist der Kopf des Steuermanns, die anderen, mit angeschlagenen Backen, abgestoßenen Nasen, zerbrochenen Kinnladen, schneiden Grimassen und geben sich nicht zu erkennen. Doch wie eingefallen die Backen, wie lädiert die Nasen, wie ramponiert die Kinnladen auch sein mögen, die Schädel und die Hinterköpfe können die Sippschaft nicht verleugnen, es sind Weinfässerköpfe, in denen es rauscht und brodelt, von unten her aus dem Moselfluß und aus den Fässern vom Wein. Ja, es tönt aus dem Stein, daß es den gemeißelten Figuren nur so in den Ohren dröhnt.

Und so lehnt, auf einem zweiten Weinschiff, der Steuermann seinen Kopf gegen ein Faß, preßt sein Ohr an die Dauben, und mit aufgeschlagenem Blick, wie alle Horcher, lauscht er dem Glucksen, vernimmt er die Töne des Weins, eine anmutige Musik, einen römischen Mozart womöglich, denn er lauscht hingebungsvoll, und ein zartes Lächeln wölbt seine Lippen. Es ist der fröhliche Steuermann, so nennt ihn die Beschilderung des Landesmuseums, die Beschriftung des Kunstkartenverlags, in Photobänden, auf Weingläsern und Stocknägeln erscheint er, und er ist auch der Namensgeber des Trierer Veranstaltungskalenders. Im 30. Jahrgang erscheint das Blättchen, das die Trierer Kulturtermine anzeigt, unentwegt lauscht der Steuermann in das Faß und regt die Theaterabonnenten und die Konzertbesucher, die Kirchgänger und die Vernissagegäste an, ihm nachzueifern, nicht nur mit dem Ohr am Faßboden.

Er ist der Doppelgänger des Herkules auf dem Viergötterpostament, der Zwillingsbruder des Jupiter in der kapitolinischen Trias. Herkules steht breitbeinig da und stützt sich auf seine Keule, Jupiter sitzt zwischen Juno und Minerva und trägt seine Toga über die nackte Schulter geschlagen. Steuermann, Herkules, Jupiter lächeln, gelockten Haars, gelockten Barts, gelockten Gemüts. Ist ihnen nicht der Lobpreis des Ausonius bestimmt, wo er die Mosel anruft und sagt: »Anstand auch und fröhlichen Sinn, sich spiegelnd im heitern/ Antlitz gab die Natur einst deinen begnadeten Kindern.«

In Meilensteinen und Treidelszenen, auf Altären und Kapitellen tummeln sie sich hinter- und unter- und übereinander, Dianas, Bacchusse, Nymphen, die Muttergottheiten mit Fruchtkörben im Schoß, die Weintransporteure mit Amphoren im Arm. Sirona, die Treverergöttin, trägt eine Schlange um ihren Arm gewickelt, die Schlange schlürft ein Vogelei aus, aber Sirona, mit rundem Gesicht und feinem Mittelscheitel, schaut über die Szene hinweg in die Glasvitrine, in der gehämmerter Pferdeschmuck und bronzene Wagenbeschläge ausgestellt sind. Menschen- und Löwenköpfe sind trierisch gelockt, ihre Blicke verklärt wie Sironas Augenaufschlag, wie die himmelwärts gekehrten Augäpfel von Rabe, Hund und Schlange, die die Felsgeburt des Mithras begaffen. Ein Knäblein fliegt auf Danae zu, er trägt einen Geldbeutel auf der Schulter und lächelt, pausbackig und dreist. Aktäon belauscht Diana im Bade, schamhaft bedeckt sie die Hüfte und kehrt sich hinter den Eichbaum.

Vier trierische Rundköpfe blicken einander an, zwei schauen von links nach rechts, zwei andere von rechts nach links. Ein krausbärtiger Lehrer unterweist seine Schüler in lateinischer Grammatik, er hat den Finger erhoben, und der Schüler, den er gerade anschaut, sieht nicht so aus, als hätte er die Geheimnisse des lateinischen Satzbaus begriffen. Sein Pergament ist zur Hälfte aufgerollt, schon ganz vorne ist er steckengeblieben. Auch am Pergament des anderen Schülers, der dem Grammatiker im Rücken sitzt, ist ganz deutlich abzulesen, daß er sein Pensum zwar beendet, die Aufgabe wohl aber auch nicht ganz gelöst hat, denn immer noch ist es aufgerollt und liegt dem Schüler auf dem Schoß.

Aber sachte, noch ist die Unterrichtsstunde nicht zu Ende! Ein dritter Schüler steht schon auf der Schwelle, er trägt sein Schreibtäfelchen am Griff und hebt die Hand. Er steht am Rand der Szene, vielleicht ist er schon aus ihr herausgetreten ins 20. Jahrhundert und meldet sich zu einem modernen Sprachkurs in der Volkshochschule an. O ja, so wie der fröhliche Steuermann für den Gala-Modeabend und die Kürenzer Zwetschenkirmes wirbt, so wirbt der bärtige Grammatiker für das Jahresprogramm der Volkshochschule, am Ende könnte es Konrad Bohr selbst sein, der Leiter der Volkshochschule, der sich so pfiffig verbirgt unter der Toga und dem gekräuselten Backenbart.

Noch sind wir im Museum, noch sind Mauern um uns herum, aber die Steine sind rührig und beredt, es scheint, als erinnere sich der Steuermann der prallgespannten Treideltaue, der Grammatiklehrer der heftigen syntaktischen Debatten, so frisch und belebt sind ihre Mienen. Ja, es scheint, als denke der Stein selbst zurück an Hammer und Meißel, als er noch nicht die Wölbung einer Lippe, den Kräusel eines Barthaars angenommen hatte, als er roh in den Brüchen lag und noch kein Gedächtnis hatte.

Hinter den steinernen Gestalten blüht es von Farben, sienabraun, pompeijanischrot, in den Wandgemälden aus römischen Villen setzt sich das heitere Figurenspiel fort. Fischreiher schreiten im Schilf, Männer mit Netzen stehen am Ufer; Hirsche weiden auf Lichtungen, Leoparden schleichen durchs Gestrüpp. Und alle Villen, nahegelegene Landhäuser und ferne Weingüter, mit Walmdach und umlaufender Säulenveranda, sehen wie moderne Fertighäuser aus, einmal zu quadratischen Appartementblocks mit Atrium, einmal zu achteckigen Pavillons mit Rundfries zusammengebaut, Best Western Motels, Quality Inns mit Swimmingpools im Innenhof.

Im Innenhof des Museums steht die Igeler Säule, ein

römischer Sandsteinpfeiler mit geschweiftem Steindach, das Grabmal einer begüterten Tuchhändlerfamilie. Der Hof ist ein Ablageplatz für Kapitelle und Säulenstümpfe, für Ziegel und Fensterstürze, sie liegen herum, aufgehäuft wie Beuys' Granitblöcke in Kassel und warten auf das Abrakadabra eines reichen Zauberkünstlers, damit sie sich endlich in Bäume verwandeln. Auf der Freitreppe stehen wir still. Was ist das für ein Kopf, der sich dort in einem Jackenkragen reckt? Was für eine Backe? Was für ein Kinn? Ist den steinernen Figuren just in diesem Augenblick die Verwandlung geglückt? Da geht tatsächlich der lateinische Grammatiklehrer vor uns auf dem Bürgersteig, oder ist es Herr Bohr von der Volkshochschule? Da überquert wahrhaftig der fröhliche Steuermann vor unseren Augen die Fahrbahn, oder ist es Herr Mülhause vom Verkehrsamt?

Plötzlich sind alle Trierer aus den steinernen Hüllen geschlüpft und lächeln verschmitzt wie Herkules und Jupiter. Sie verschwinden, unerkannt in Spaziergängerpulks und Touristengruppen, aber zwischen Amerikanern und Chinesen, Russen und Negern kommen sie immer wieder ungeschoren hervor, gut kenntlich mit ihren großen, dicken, runden Moselköpfen. Die Amerikaner brauchen gar nicht ihre großkarierten Sommerhosen und die Chinesen nicht ihre hochgeknöpften Blaujacken anzuziehen, um sich von ihnen zu unterscheiden, nur uns, mit unseren eigenen runden Köpfen, fällt die Unterscheidung schwer, denn wir kommen ja, wie die Trierer, die Moselaner, die Rheinländer, aus der »großen Völkermühle«, der »Kelter Europas«, aus »demselben Topf«, wie Carl Zuckmayer den General Harras sagen läßt.

Und dieser fährt fort: »Jetzt stellen Sie sich doch mal Ihre Ahnenreihe vor – seit Christi Geburt. Da war ein römischer Feldhauptmann, ein schwarzer Kerl, braun wie

Innenhof des Landesmuseums

'ne reife Olive, der hat einem blonden Mädchen Latein beigebracht. Und dann kam ein jüdischer Gewürzhändler in die Familie, das war ein ernster Mensch, der ist noch vor der Heirat Christ geworden und hat die katholische Haustradition begründet. – Und dann kam ein griechischer Arzt dazu, oder ein keltischer Legionär, ein Graubündner Landsknecht, ein schwedischer Reiter, ein Soldat Napoleons, ein desertierter Kosak, ein Schwarzwälder Flözer, ein wandernder Müllersbursch vom Elsaß, ein dicker Schiffer aus Holland, ein Magyar, ein Pandur, ein Offizier aus Wien, ein französischer Schauspieler, ein böhmischer Musikant.«

Die Trierer, wo auch immer sie hergekommen sind, selbst die Cohens aus Krakau und die Katzenellenbogens aus Brest-Litowsk, wie die Vorfahren der Familie Marx, alle nahmen sie die großen, dicken, runden Köpfe der Moselaner an. »Die Dicken zu uns!«, ruft das Modehaus Marx aus der Palaststraße, und es kleidet alle, die französischen Schauspieler und die desertierten Kosaken, die keltischen Legionäre und die jüdischen Gewürzhändler und alles, was aus ihnen hervorging und vor uns über die Straße läuft, von 1,50 m Größe bis zu 1,70 m Bauchweite, mit Hosen und Jacken von der Stange. Was ist da zu tun? Ja, was sollen die Trierer mit ihren, was sollen wir mit unseren Ariernachweisen anfangen? General Harras sagte: »Hängen Sie die Papiere Ihrer Großmutter in den Abtritt.«

Onkel Emil ist im vergangenen Jahr gestorben, Tante Pauline ist schon lange tot. Das Wetter ist nicht wieder so beständig geworden wie damals in den Sommerferien, und auch die Verhältnisse blieben wechselhaft, und es ist kein Verlaß mehr auf sie. Nur die Trierer sind so geblieben, wie Ausonius sie beschrieben, wie der römische Bildhauer sie in Stein gemeißelt hat, fröhlichen Sinns, heiterer Natur, lauter Weinfässer.

Genug geschwafelt! Nichts wie hin!

Streifzug mit Cingetorix

Aus der Kneipe »Zum grünen Baum«, wo der Skat-Club »Bube«, Trier-Nord, zu Hause ist, tritt ein junger Mann mit rotem Kraushaar, Schnurrbart und Halskette. Er trägt ein Paar enge, verwaschene Jeanshosen und eine dunkelblaue Jeansjacke weit aufgeknöpft auf der Haut.

Der junge Mann steht breitbeinig da, nein, er hat nichts zu verbergen. Er steht auf dem geplätteten Fußgängersteig, der vor dem »Grünen Baum« breiter als sonstwo ist, schwankt ein wenig und tritt mit weit ausholendem Bein, wie es bei Betrunkenen häufig zu sehen ist, auf die Fahrbahn, genau an der Stelle, wo der Keltenweg auf die Thyrsusstraße stößt.

Mutwillig schwingt er einen Stecken über seinem Kopf, irgendeinen verzierten Knotenstock, einen Rebpfahl, einen Zauberstab. Der Stecken ist mit Blumen und Weinlaub umwickelt, er endet in einem Tannenzapfen, der sich scharfkantig zuspitzt und an seinem Schaft ein Fähnchen trägt, einen dreieckigen, blauweiß gefärbten Wimpel mit der Inschrift des Sportvereins »Eintracht«. Ist das ein griechischer Thyrsus, ist es eine keltische Lanze? Aber der rothaarige Mensch dort an der Ecke Thyrsusstraße und Keltenweg weiß womöglich nichts von Bacchus und seinen Mänaden, wie sie über die Berge Thessaliens schwärmen und den Thyrsus schwingen, er weiß nichts von Parzival und Amfortas, wie sie unter der Kuppel der Gralsburg stehen und die heilige keltische Lanze verehren. In seiner Rechten schwenkt er den Stecken und in seiner Linken hält er einen Doppelweck mit einer Rostwurst dazwischen, nein, wir befinden uns weder in einer griechischen noch in einer keltischen Mythe.

Der Rotschopf hält den Doppelweck hochkant, mit dem Daumen drückt er gegen die eine, mit den Fingern gegen die andere Weckhälfte. Die Wurst ist in ihrer ganzen Länge dick mit Senf überzogen, so daß der Junge den Doppelweck gar nicht quer nehmen kann, wenn er nicht riskieren will, daß der Senf von der Wurst herunterfällt. Die Beschaffenheit des Senfs ist nicht sehr kompakt, deshalb balanciert der junge Mann die Wurst hin und her, hebt mal das eine, mal das andere Wurstende, und wenn er hineinbeißt, dann beugt er den Oberkörper, spreizt die Beine und reißt den Mund weit auf, um bloß nicht in eine scheußliche Kalamität mit dem Senf zu geraten.

Senf hat, vom bloßen Aussehen her, etwas nicht besonders Einnehmendes. Die Mostrichmüller von Dijon haben es deshalb verstanden, der augenfälligen Widerwärtigkeit eine zungenfreundliche Ergötzung entgegenzusetzen, und auch die Gefäße, in die der Senferzeuger seinen ambrosischen Brei füllt, anmutige Steinguttöpfe mit rotweiß karierten Jutehäubchen, bauchig geformte Glasfläschchen und Etiketten, auf denen die Mostrichsorte in Fraktur aufgedruckt ist, sind eine Augenweide.

Auf den Senfgläsern der Dijoner Firma »Amora« sind die Abenteuer eines tapferen Kelten abgebildet, eines kleinen listigen Kriegsmannes, der der Held einer ganzen Comic-Reihe, einer Film- und Fernsehserie und der halben französischen Devotionalienwerbung ist: es ist Asterix, der Gallier. Asterix trägt einen blauen Helm mit weißen Flügeln und eine rote Hose, ist also durch und durch ein gallischer Held, und wenn er sein Kurzschwert schwingt, dann macht es zack! klirr! und aua!

Mit Obelix, dem Hinkelsteintransporteur, und Majestix, dem Häuptling des Stammes, läßt er sich in Raufereien mit Römern und Goten, mit Schweizern und Spaniern ein, zieht den Druiden am Bart, tritt Cäsar auf die Zehen, trinkt regelmäßig einen Schöpflöffel voll von dem Zaubertrank, der ihm übermenschliche Kräfte schenkt, und am Ende jeden Abenteuers, in friedlicher Sommernacht, sitzt er mit seinen Kampfgefährten beim Wildschweinessen um ein Lagerfeuer, schmatzt und schwadroniert und sagt: »Gebt Obelix schnell noch ein Wildschwein, sonst erzählt er die Geschichte noch einmal«, oder er sagt: »Na ja, ich denke, irgendwie können wir uns gegenseitig das Wasser reichen, wir und die Belgier.« Sie sitzen an reich gedeckten Tischen, die aneinandergereiht sind und eine große runde Tafel ergeben, in der Mitte brennt das Feuer, und über die Tische neigen sich die Zweige von lauter grünen Bäumen.

Inzwischen hat auch der junge Mann seine Rostwurst verzehrt. Er wischt sich die fettigen Finger vorne am Hosenbein seiner Jeans ab, immer wieder streift er über das Tuch, bis es sich dunkel färbt und das Bratfett von den Fingern in die Hose übergegangen ist. Dann greift er nach dem blauweiß gestreiften Wimpel, streichelt und glättet ihn, und mit einem plötzlichen Ruck stößt er den Stecken hoch in die Luft, so daß die Spitze geradewegs auf den Wipfel des Baumes zeigt, der hinter der Kneipe steht. Der grüne Baum, der der Kneipe ihren Namen gegeben hat, ist eine Platane, und es fehlen nur die Reiher und die Ibisse, es fehlen die göttlichen Raben in ihren Zweigen, damit aus dieser Straßenszene ein Abenteuer aus einem Asterix-Heft oder sogar eine historische Begebenheit aus der trierischen Vorzeit wird.

»Am Keltenweg« heißt die Straße, in der der grüne Baum steht, das ist nicht der Keltenweg, nicht der Weg, auf dem die Kelten von der Talsenke aus hügelaufwärts in den Hunsrück zogen. Aber ist er nicht ganz in der Nähe verlaufen, eine Fahrstraße, ein Kriegspfad, vielleicht nur ein Schleichweg in den Hunsrück, denn noch heute zeigt er, über die Bahnlinie hinweg, genau in die Kehre des Aveler Tals. Kamen sie von den Gräberstätten am Ausgang des Altbachs her, kamen sie von der anderen Moselseite, von ihrem Landesheiligtum am Irminenwingert? Es liegt Dunkelheit über ihrer Geschichte, aber der junge Mann mit dem Eintrachtfähnchen und dem geflochtenen Lederhalsband weckt die Erinnerung an Cingetorix, ihren Sippenfürsten, wie er, trunken und unentschlossen, in den Wipfel der Platane schaut und wartet, wohin die Raben fliegen.

Es gibt Streifzüge zu Fuß und Streifzüge mit dem Wagen, Streifzüge zu zweit und Streifzüge in der Horde. Es gibt auch Streifzüge im Kopf, und so ein eingebildeter Streifzug ist es, den wir mit Cingetorix unternehmen. Und doch ist er nicht so ganz eingebildet, nicht allein Phantasie und ein Schweifen in der Geschichte, denn der rothaarige Cingetorix aus dem »Grünen Baum« ist ja ein Mensch aus Fleisch und Blut, und er schwenkt seine Eintrachtfahne nicht einfach nur ins Blaue.

Hat nicht auch Cingetorix, der Keltenfürst, vor zweitausend Jahren schon, zuerst nach dem Wind geschaut, bevor er sein Fähnlein aufgepflanzt und die freundlich gesonnene Sippe um sich versammelt hatte? Cäsar steht in Gallien, sein Feldherr Labienus rückt heran, sollten da nicht alle Treverer zusammentreten gegen die Eindringlinge aus Rom? Cingetorix begibt sich in Cäsars Lager und sagt dem Feldherrn seinen Gehorsam zu. Indutiomar, sein Schwiegervater, wirbt Söldlinge an, kauft Pferde, rüstet zum Krieg. Wem sollten die Treverer folgen, Cingetorix, dem ergebenen Vasallen, oder Indutiomar, dem widerspenstigen Rebellen? Cingetorix steht vor Cäsar und legt ihm die Waffen zu Füßen, o nein, er wirft ihm nicht den

Türmchen an der Römerbrücke

Schild auf die Zehen wie es zwei Jahre später Vercingetorix in Alesia tun wird, daß es zack! und klirr! und aua! macht und dem Cäsar vor Schreck und Schmerz der Lorbeerkranz vom Kopfe fliegt.

Cingetorix ist ein kluger Trierer, er legt den Schild, den Helm, die Lanze und das Beil fein säuberlich nebeneinander, so wie sie im Museum eingeräumt und ordentlich in der Vitrine liegen. Indutiomar ist ein Feuerkopf, er verbirgt die Frauen und Kinder seiner Sippe in den Eifel- und Hunsrückwäldern und zieht Fußvolk und Reiterei zusammen. O dieser Volksstamm! »Dieser Volksstamm besitzt bei weitem die beste Reiterei von ganz Gallien!« schreibt Cäsar später in seinem Bericht über den Gallischen Krieg, womöglich hat er sich dabei an Indutiomars Pferde erinnert, denn verheerend brachen sie in die Reihen der römischen Legionäre ein und gebrauchten ihre Hufe.

Cingetorix seinerseits eilt über den Keltenweg, streift durch die Wälder und pflanzt sein Fähnchen vor Cäsars Füßen auf. Auch der junge Mann aus dem »Grünen Baum« steht jetzt vor einem ehrfurchtgebietenden Graukopf, der ihm auf der Straße entgegengetreten ist. Der Fremde ist ein Herr, er trägt einen graumelierten Anzug, weißes Hemd und Krawatte, und die Krawatte ist nicht kunstlos um seinen Hals gewunden, sondern in einem akkuraten Knoten geschlungen und mit einem Klips unter der Weste drapiert. Er sieht nicht gerade wie Cäsar aus, aber der Anzug, aus grauen und braunen Fäden gesprenkelt, und die gewellte Krawatte, mit schlauchförmigem Knoten, lassen ihn in einer altmodischen Würde erscheinen, nicht wie einen Vater, eher wie einen Onkel, einen Vormund, jedenfalls als eine engverwandte Respektsperson.

Der Trierer Cingetorix hat seine Fahnenstange heruntergenommen und neben sich auf den Boden gestellt. Das Tuch hängt schlaff herab, der Stecken erinnert nicht mehr an einen schwellenden Thyrsus und nicht mehr an eine bewimpelte keltische Lanze. Der Herr in Grau ist ganz nahe an den jungen Mann herangetreten, hat ihm die Hand auf die Schulter gelegt, zieht seine Stirn in Falten, reißt die Zähne weit auseinander, aber es dringt kein lautes Wort über seine Lippen. Und doch ist es offensichtlich ganz anders gekommen, als der junge Mann es sich vorgenommen hatte, denn, seltsam verwandelt, kehrt er sich plötzlich um und schwankt auf das Mietshaus zu, dessen langgestreckter Mittelflügel hinter einem schütteren Rasenplatz liegt.

Er hält jetzt die Fahne unter den Arm geklemmt, die offene Brust und das gedrehte Halsband unter der Jeansjacke blitzen jetzt nicht mehr provokant und bronzefarben, der junge Mann versucht auf den Rasen zu treten, stolpert und fällt hin. O weh, da liegt er nun, mit Kraushaar, Schnurrbart und Halskette, wie der keltische Krieger im Kapitolmuseum von Rom, auf den einen Arm gestützt, mit hängendem Kopf, ein gebrochener Cingetorix am Keltenweg. Der Herr im gesprenkelten Anzug geht indessen mit forschem Schritt die untere Hälfte des Keltenweges entlang, schaut nicht nach rechts auf die Front des Mietshauses und nicht nach links zu den Wohnblocks hin, überquert die Franz-Georg-Straße und setzt seinen Weg auf der oberen Hälfte des Keltenweges fort. Er hat den Kniefall des Rotschopfs nicht mehr gesehen, ungerührt schlendert er von dannen, barhaupt und mit weiten, flatternden Hosenbeinen.

Auf einem der Senfgläser von »Amora« geht es stürmischer zu. Da sieht man Asterix und Obelix im Eiltempo über eine Wiese rennen, Asterix huscht am Boden hin, Obelix wirft die Füße, Staubwolken wirbeln auf, und Idefix, der Langohrspitz, schlägt die Beine übers Kreuz. Asterix ruft: »Genug geschwafelt! Nichts wie hin!« Obelix antwortet im Echo und ruft: »Nichts wie hin!« und eine

Stimme aus dem Hintergrund ruft, und man sieht, wie die Spucke fliegt: »Die Keltenknaben haben recht. Nichts wie hin!« Es ist die Stimme eines Belgiers, die Stimme von Leopoldix oder Egmontix, von Maelankolix oder Stellartoix. Asterix und Obelix sind nämlich mit ihren gallischen Kriegsleuten den Belgiern zu Hilfe geeilt, es ist das Jahr 50 vor Christi Geburt, und nur Asterix und Obelix und ein paar wikingische Schiffspiraten widerstehen den Römern, und die Belgier haben den Nutzen davon.

Es fliegen die gallischen Hinkelsteine, es fliegen die belgischen Feldsteine, es fliegen die römischen Pflastersteine, doch als nicht nur Steine, sondern auch wikingische Schiffsplanken in die Reihen der Römer fliegen, da fragt ein Belgier: »Wat is denn dat da?« Er sagt: »Muscheln hängen auch noch dran?« und sagt dann: »Ob die wohl jut zu fritierten Kartoffeln schmecken?« Der Belgier ist ganz Belgier, womöglich stammt er aus Treveris, der Hauptstadt Galliae Belgicae, denn er sagt: »Ich bin ein Beljier! Und wir sind die Allertapfersten. Die Römer«, sagt er, »die sehen janz schön dumm aus.« Ja, ein ganzer trierischer Belgier ist er, und hat nicht schon Diodor, der griechische Geschichtsschreiber aus Argyrion, in seiner »Historischen Bibliothek« von diesen belgischen Trierern geschrieben: »Sie heben die einen in den Himmel und ziehen die anderen in den Schmutz.«

Der Mann aus dem »Grünen Baum« braucht nicht mehr in den Dreck gezogen zu werden, er liegt mitten in einer Wasserlache, die sich unter einer Wäscheleine gebildet hat, wälzt sich auf die Seite und liegt noch bejammernswerter da als der sterbende Kelte im Kapitolmuseum. Er schaut an dem Baugerüst hoch, das an der langen Front des Mietshauses aufgeschlagen ist, aber es ist Samstag, niemand ist bei der Arbeit, der ihn sehen und ihm helfen könnte, auch die Fenster hinter dem Leitergestell sind alle geschlossen, das Haus liegt wie verlassen, wie ausgestor-

Haus Treviris in der Jakobstraße

ben, wie verödet. Nur im gegenüberliegenden Wohnblock ist ein einziges Fenster geöffnet, eine Frau, mit verschränkten Armen auf ein gesticktes Kissen gestützt, lehnt sich über die Fensterbrüstung und starrt nach dem Mann in der Wasserlache. Sie hebt den Kopf und ruft: »Jetzt seh sich dat mal einer an! Und bei den Lumpenkrämern wird noch alles neu gemacht und bei uns von der Genossenschaft nix. Bald sind wir die Lumpenkrämer und die Lumpenkrämer sind die anständigen Leut.«

Der junge Mann, auf sein Knie gestützt, atmet tief. Sein Thyrsus liegt neben ihm in der Suhle, das Eintrachtfähnchen weicht im Spülwasser. Mühsam hebt er den Kopf, aber immer wieder bricht sein Auge, und sein Kinn sinkt auf die Brust zurück. Seine Hand streicht mit unbestimmter Geste über das Gesicht, wischt über Mund und Nase, wo es noch Reste von Senf gibt, und dann sinkt auch sie wieder auf den Boden in die Lache nieder.

Auf einmal belebt sich die Straßenecke, Stimmen werden laut, die Wäsche flattert aufgeregter über der Wasserpfütze, und der junge Mann erhebt erneut den Kopf und schaut mit gebrochenem Blick. Auf dem Gehsteig hat sich mit einem Mal eine ganze bacchantische Gruppe gebildet, junge Burschen und Mädchen, alle mit Eintrachtwimpeln und einer Rostwurst in der Hand, Bacchanten und Mänaden vom Stammtisch aus dem »Grünen Baum«. Sie johlen und schwanken, ineinandergehakt, über die Straße, umringen den jungen Mann, treten ihn mit Füßen, stoßen ihm die Lanzenspitzen in die Seite, und der Senf in seinem Mundwinkel ist noch einmal der balsamische, der ambrosische Brei der Götter unter dem Thyrsusschwingen der Satyrn.

Ist es eine römische, ist es eine keltische Szene? Sind die schweifenden Wilden vom Tisch der Götter, sind sie von Asterix', sind sie von König Artus' runder Tafel aufgebrochen zu einer barbarischen Zeremonie? »Sie weihen einen Menschen und stoßen ihm ein Schwert in die Herzgrube über dem Zwerchfell«, schreibt Diodor, »und wenn der so Getroffene stürzt, dann erkennen sie aus der Art des Hinfallens, aus dem Zucken der Glieder und schließlich aus dem Fließen des Blutes die Zukunft.«

»Ja, ja!« ruft die Frau aus dem Fenster des Wohnblocks von gegenüber, »macht nur so weiter, dann könnt ihr sehen, wo ihr hinkommt! Fressen und saufen und hinterher randalieren, dat is alles, wat ihr könnt!« An Artus' Tafel hatten hundertfünfzig Gäste Platz, an Wilhelms des Eroberers vierundzwanzig, an Karls des Großen zwölf und am Stammtisch des »Grünen Baums« in Trier sind es noch sechs. Wenn auch die Zahl der Paladine immer kleiner geworden ist, ihr keltisches Handwerk ist Maulwerk geblieben. Wer am besten erzählen kann, ist auch der stärkste, und er darf beim Festmahl den Braten zerteilen. Im keltischen Volksepos über die »Neuigkeiten von Mac Da Thós Schwein« erzählt der Dichter:

Als der Braten auf den Tisch kam, wurden die Helden munter. Cet sagte: »Wenn der Wettstreit nicht beginnt, schneide ich das Schwein an.«

»Dazu«, erwiderte ein großer, flachshaariger Krieger aus den Reihen der Ulsterleute, »bist du nicht der richtige Mann.«

»Wer ist das?« fragte Cet.

»Eogan Mac Durtacht«, sagten alle, »der König von Farney.«

»Ich hab ihn schon gesehen«, sagte Cet.

»Wo hast du mich gesehen?« fragte Eogan.

»Im Eingang deines Hauses. Ich trieb gerade ein paar Stück Vieh von deiner Weide. Als Alarm gegeben wurde, kamst du heraus und warfst deinen Speer nach mir, aber er blieb in meinem Schild stecken. Ich warf ihn zurück und traf dein Auge. Ich kann dir auch noch das andere herausreißen.« Darauf setzte jener sich nieder.

»Weiter geht der Wettstreit, ihr Leute von Ulster«, rief Cet.

»Du wirst das Schwein nicht anschneiden«, sagte Muinremor Mac Gerginn.

»Ist das nicht Muinremor?« sagte Cet.

»Es ist noch keine drei Tage her, da schnitt ich dreien deiner Krieger und deinem ältesten Sohn die Köpfe ab.« Daraufhin setzte sich jener nieder. Aber als Cet nun das Messer in die Hand nahm und sich dem Schwein näherte, kam Conall Cernach herein und vollführte einen Lachssprung in der Mitte des Hauses. Stürmisch begrüßten ihn die Ulsterleute.

»Ich bin froh, daß das Essen fertig ist«, sagte Conall. »Wer schneidet für euch an?«

»Es fiel dem zu, der gerade dabei ist«, sagte Conor Mac Nessa, »Cet Mac Magach.« »Ist es wahr, daß du das Schwein anschneidest, Cet?« fragte Conall. »Laß es in Ruhe.«

»Weshalb sollte es dir zustehen?« fragte Cet.

»Ich habe das Recht, dich herauszufordern«, sagte Conall. »Bei den Göttern meines Volkes schwöre ich, daß seit der Zeit, da ich einen Speer in die Hand nahm, kein Tag verging, an dem ich nicht einen Mann von Connacht umbrachte, keine Nacht, in der ich nicht einen überfiel und noch nie schlief ich, ohne den Kopf eines Connachtmannes unter meinem Knie.«

»Wahr«, sagte Cet, »du bist ein besserer Mann als ich. Aber wenn mein Bruder Anluan hier wäre, könnte dir jemand richtig herausgeben. Pech für uns, daß er nicht da ist.«

»Aber er ist da«, sagte Conall, löste Anluans Haupt von seinem Gürtel und schleuderte es gegen Cets Brust. Daraufhin wandte jener sich von dem Schwein ab, und Conall nahm Platz.

Da saß er nun und aß das gesamte Hinterteil des

St. Maximin

Schweines auf, eine Portion für neun Männer, die Heldenportion, nur Obelix hatte je mehr verzehrt.

Auf dem Gehsteig am Keltenweg, im Rinnstein, um die Wasserlache herum liegt jetzt das Einwickelpapier der Rostwürste, die die jungen Leute verzehrt haben. Sie wischen ihre Münder ab, schneuzen ihre Nasen, ziehen ihre Hosen hoch und bücken sich nach den Fahnenstangen, die neben dem Hingestürzten in der Wasserpfütze liegen. Dann erst heben sie den Gefallenen vom Boden auf und schleppen ihn, beiderseits untergehakt, über die Kreuzung der Franz-Georg-Straße.

»Mach, daß du weiterkommst!« rufen sie ihm nach, »aber paß auf, daß du deinem Schwiegervater nicht noch einmal in die Quere kommst!« rufen sie und schwenken ihre blauweißen Eintrachtfähnchen. Strabo, der Grieche, sagte, die Kelten seien wankelmütig und prahlerisch, und Cäsar, der Römer, berichtete, es habe ihnen weder an Gemütsbewegung noch an Worten gefehlt. »Genug geschwafelt!« ruft Asterix auf dem Senfglas von »Amora«, und dem jungen Mann auf dem Streifzug über den Keltenweg klingeln die Ohren vor lauter keltischer Großmäulerei.

Er tastet sich an dem Maschendrahtzaun entlang, der rechter Hand die schmalen Gärten der Reihenhäuser von der Straße trennt. Die Rasenplätze sind mit Gartengerät und Kinderspielsachen übersät, das Gras ist geschossen, an den Pfaden vorbei, die der Länge nach in die Tiefe der Gärten führen, sind Jägerzäune, Wäscheleinen, Stachelbeerhecken aufgepflanzt. Eine Frau sitzt in einer Hollywoodschaukel, drei kleine Mädchen spielen auf der Wiese, ein viertes steht zwischen den gespreizten Beinen der Frau, die den Pferdeschwanz des Mädchens mit einer roten Schleife zusammenbindet. Aus einem offenen Fenster tönt die Erkennungsmusik der Sportschau, der junge Mann reckt verwegen seine Fahne.

Plötzlich bleibt er stehen und greift sich in die Seite. Er stockt und stützt sich, läßt den Schaft der Fahne fahren, preßt seine Hand über das Zwerchfell, windet sich theatralisch in einem imaginären Wundschmerz, Cingetorix, von der verräterischen Lanze getroffen, Amfortas, vom heiligen Speer geritzt, ein keltischer Schönredner und Märchenerzähler, protzig und abergläubisch, wie er im Buche steht, ein trierischer Maulheld, dem nur die Gallier von den burgundischen Höhen und die Belgier aus den Ardennenwäldern das Wasser reichen können. Zack! klirr! aua!

Wo die Lanze auf einmal herkommt? Hat nicht König Artus den Speer, mit dem der römische Hauptmann dem gekreuzigten Jesus die Seite geöffnet hatte, und hat er nicht auch das Gefäß, mit dem Magdalena das Blut Jesu aufgefangen hatte, aus dem Kloster Glastonbury geborgen? Oder war es Amfortas? Und wer hatte in Trier Station gemacht? War es nicht Joseph von Arimathia, als er, auf dem Weg nach Britannien, die Speerspitze und die Schale in seinem Beutel trug? Oder war es Parzival, als er, auf der Suche nach der Gralsburg, über das gallische Festland streifte, durch Heidenland und Wonnegärten, wie Richard Wagner es beschreibt?

Die Gärten der Ramboux-Straße sind über und über mit Dahlien und Levkojen bestanden, in ein gehäufeltes Querbeet sind Rosen, in einen gelbgestrichenen Reifen Begonien gepflanzt, auf einem Gartenhäuschen, an zierlicher Mühle, drehen sich Windrad und Wetterfahne. Der junge Mann hat sich bis an die Umspannanlage der Stadtwerke vorgearbeitet. Er klammert sich an den Zaun, der um das Rasenstück mit Birken und Transformatoren läuft und eine langnadelige Zierkiefer vor dem Zugriff der Passanten schützt. Cingetorix läßt den Zaun los und geht das letzte Stück der Straße freihändig, fast auch auf sicheren Füßen, sichtlich verwandelt, von Bosch-Dienst, Blaupunkt, Klimatechnik in ein anderes kriegerisches Jahrhundert versetzt.

Vor ihm, entlang der Bahnlinie, fließt der spärliche Samstagnachmittagsverkehr auf der Metternichstraße. Unter dem Eisenzaun, der die Sandsteinmauer des Bahndamms bekrönt, wächst mannshoch die Goldraute, das heidnische Wundkraut der Großeltern. Hier ist der Keltenweg zu Ende. Der Rotschopf schaut nach beiden Seiten in die Metternichstraße, kein Mensch ist zu sehen, nur die Autos queren die Einmündung des Keltenwegs in die Metternichstraße. Schaut er nach dem Herrn in Grau aus, der ihn vor dem »Grünen Baum« ins Gebet genommen hatte und dann so plötzlich entschwunden war? War es ein Cäsar, war es ein Indutiomar, war es ein schändlicher Widersacher aus der Familie, der seinen Streifzug so jählings in der Wasserpfütze hat enden lassen?

Der junge Mann zögert, er schultert die Fahne höher hinauf, fährt sich ein paarmal energisch durch sein rotes Haar und schickt sich an, weiterzugehen. Wendet er sich stadteinwärts, nach rechts, oder kehrt er sich, stadtauswärts, nach links? Folgt er dem Ruf der Kultur, am Milchhof entlang, wo Milch und Honig und der ambrosische Brei der Götter fließen und die Straßen nach Alkuin, nach Maximin, nach Petrus heißen? Oder folgt er dem Ruf der Zivilisation, zum Klärwerk hin, wo der ambrosische Brei geläutert und kunstvoll verwandelt wird und die Straßen nach Diesel, nach Benz und nach Ohm genannt sind?

Ja, genug geschwafelt, wohin führt sein Weg? Linkerhand, an Nells Ländchen vorbei, könnte er unter der Bahnlinie hindurchschlüpfen und die mächtigen Spiralen der Kläranlage sich drehen sehen, monströse Rührwerke, titanische Fleischwölfe, wie sie, akkurat und unaufhörlich, die Metamorphose des trierischen Verdauungsbreis betreiben. Ein junger Bärtiger mit bloßem Oberkörper, noch weniger zimperlich als er selbst, mit goldenen Boxhandschuhen als Anhängern am Hals, duftend nach ausgegossenem Männerparfüm, nach Juchten, nach Moschus, nach unerträglichem Wohlgeruch, würde ihm entgegentreten und ihn, da das Betreten der Anlage verboten ist, fragen: »Sind Sie von der Firma?«

Und rechter Hand, an Weilers Wagenheizung und den keimfreien Zellen des Milchhofs vorbei, könnte er das Labyrinth der Straßen durchkreuzen und schließlich einen kuriosen Zwilling von ihm die Schweine hüten und auch den Thyrsus schwingen sehen. Ja, vor der Kreissparkasse, Ecke Petrus-Straße und Theodor-Heuss-Allee, schräg gegenüber der Porta Nigra, steht ein Schweinehirt in Bronze. Es ist ein gelockter Jüngling in Jeans, mit breitem Gürtel und hochgekrempelten Hosenbeinen. In der Hand hält er, wie der Cingetorix vom Keltenweg, den Thyrsusstab, mit angewinkelter Rechten, und die drei Schweine, die er treibt, lächeln auf ihre kluge, schweinische Weise. Ein viertes hat sich abgesondert, es lächelt besonders klug, denn es schaut, mit erhobener Schnauze, genau in den Kassenraum, wo hinter der Schaufensterscheibe eine Glasvitrine steht mit lauter Glücksschweinen aus Ton und Porzellan, mit Blumen- und Zwiebelmuster, und obendrein ein Schweinepärchen für Pfeffer und Salz.

So könnte sich am Ende der Trierer Cingetorix aus der Suhle erhoben und in ein Glücksschwein verwandelt haben, Asterix' und Artus' Tafel in den runden Tisch aus dem »Grünen Baum« und der heilige Gral in einen Trierer Römer, mit grünem, gewelltem Fuß, mit Blatt- und Traubenschliff am Glasrand und mit Wein gefüllt, randvoll zur immer weiteren Verwandlung. Längst sind zu den keltischen die germanischen Trinker über den Rhein gedrungen, sie sprechen nicht nur, sie schreiben auch gotisch. Sie heißen Historik, Theoretik, Symmetrik und sind fast schon Deutsche.

Reihweis die Pracht der Fassaden

Römisches Sightseeing

Männer seien wie Mauersteine, sagt Lykurg in seinen lakonischen Denksprüchen und, von Männern umgeben, sei eine Stadt nicht ohne Mauern: eine barbarische Weisheit, der die Römer spornstreichs mit der Vervollkommnung des Mauerwerks begegneten. Sie führten ungebrannte Mauersteine wie Lehm- und Kalk-, wie Bruch- und Schlackensteine und führten gebrannte Ziegelsteine wie Hohl- und Loch-, wie Hartbrand- und Schamotteziegel zu allerhand von verschiedenen Mauern auf, den aufgesetzten Quader-, Findlings- und Zyklopenmauern und den gemörtelten Backsteinmauern in Läufer-, Block- und Kreuzverband. Die Römer eigneten sich nicht zu lebendigen Mauersteinen, sie schufen den schönen künstlichen Ziegel mit der marmorierten Glasur; doch wenn ich, zweitausend Jahre später, um mich blicke und die Männer unserer kleinen Reisegesellschaft betrachte, dann scheinen sie allesamt in glasierte Scherben verwandelt, obwohl niemand mehr daran denkt, sie als Steine in eine Mauer einzusetzen.

Wir waren vierzehn, ohne Herrn Newel, unseren Führer. Da waren, außer Brigitte und mir, ein grauhaariger Mittfünfziger, breit gewachsen, doch kaum beleibt, mit bayrischem Akzent, und seine Frau, streng frisiert nach der Mode der dreißiger Jahre, ehedem blond, mit einem Jungen, der Brille, Turnschuhe und ein T-Shirt mit dem

Aufdruck »adidas« trug, ein gepflegter, unauffälliger Herr, der nach Mottenkugeln roch, und seine Begleiterin, eine braungebrannte, stets leicht lächelnde Dame im Safarilook, dazu kamen, als einzelne, eine verwahrloste Alte, die als Fächer gegen die Hitze unentwegt ein schmutziges Taschentuch schwenkte, und, mit tiefschwarzen Simpeln in der Stirn, brav geschnitten und korrekt gekämmt, eine zierliche Person in kariertem Rock und auf flachen Absätzen wie eine evangelische Kindergärtnerin, sowie vier Chinesen und ihr Kontaktmann, ein schmaler, offenbar an der Leber leidender Mensch, der sich hin und wieder mit gequälter Miene die Seite hielt. Wir standen, eine kleine Gruppe, vor der mächtigen Mauer der Porta Nigra, und Herr Newel öffnete seinen beredten Mund.

Herr Newel redet, daß das ganze römische Altertum zwischen seinen Lippen hervorkommt. Aus seinen Wörtern tauchen Handwerksleute und Sklaven empor, in seinen Sätzen wälzen sich Mannsbilder und Mauersteine, und so wie er redet und redet und mit seiner Zunge eine komplette Bauhütte zwischen den Zähnen herausschleudert, wächst das Tor aus weißgelbem Sandstein, ohne Mörtel und Zement, in römischer Trockenbau- und trierischer Redeweise, von Eisenklammern und rhetorischen Haken zusammengehalten. Längst ist der gelbe Stein aus dem Kylltal verwittert, das Tor ist schwarz geworden, und seit dem Mittelalter heißt es auch so, Porta Nigra, der Name baut das Gemäuer.

Jetzt zeigt Herr Newel eine Abbildung der mittelalterlichen Kirchenanlage, er hält seine Klarsichthülle hoch über unsere Köpfe, damit wir alle sehen können, wie Erzbischof Poppo das römische Tor in eine christliche Kirche verwandeln ließ. Der Grieche Simeon aus Syrakus hatte sich in einer Zelle der Porta einschließen lassen, er hungerte und starb, und Poppo ehrte den heiligen Mann mit romanischen Ornamenten.

Porta Nigra

Die Chinesen schauen nach der Klarsichthülle, das Plastik spiegelt in der Sonne, und die Chinesen wechseln ihre Plätze, um die Verwandlung eines profanen Stadttors in eine Stiftskirche in allen entscheidenden Phasen zu verfolgen. Herr Tschang aus Peking ist ihr Übersetzer, er spricht laut und musikalisch, es klingt, als schlüge er in regelmäßigen Abständen auf einen kleinen Gong. Doch als jetzt der Name Napoleons fällt und die mittelalterliche Stiftskirche unter dem Lächeln der Chinesen aus den äußeren und den inneren Augen der anwesenden Stadtbesucher verschwindet, da lächelt auch Herr Tschang, und sein Gong hallt etwas greller. »Hier sehen Sie, was Geschichte ist«, sagt Herr Newel, »Wechsel und Wandel.« Wir stehen im Innenhof des Zwingers, es riecht nach Hundepisse, oben auf einem Pilaster sitzt eine Taube und läßt ihren Kalkklacks über die Steine gleiten. Auch in römischer Zeit blieb der Zwinger immer unbedacht, mitten im Wandel und Wechsel, blieben Hunde und Tauben die gleichen, die Tauben saßen oben und die Hunde unten.

Zuerst lächelten die Chinesen, jetzt lachen sie. Während Herr Newel die Abmessungen der Porta nennt, Breite und Tiefe, Höhe und Mauerdicke, und während Herr Tschang diese Maße ins Chinesische übersetzt, wird der Gong zur Zimbel, und es erklingt das Kichern der Chinesen, schamhaft und melodisch wie das Zwitschern der künstlichen Nachtigall aus dem Märchen. Sie kichern und nicken mit dem Kopf, sie haben ihre Chinesische Mauer, und sie rechnen nicht mit Metern und Zentimetern. Sie rechnen mit Li, und ihre Chinesische Mauer ist die Mauer von zehntausend Li, o nein, sie brauchen sich nicht hinter Herrn Newel zu verstecken. Alle Dimensionen sind aufgehoben, und das weiß niemand besser als Herr Newel selbst. »Eben noch standen wir auf dem Kulturschutt der Jahrhunderte«, sagt er, »nun sind wir auf römisches Niveau herabgestiegen«, sagt er, und das Straßenpflaster stadteinwärts erscheint in Augenhöhe.

Schrecklich hausten die Goten in Rom, Alarich demontierte die Marmorsäulen, Witigis zerbrach die Aquädukte, Totila riß die Mauern ein; die Franken in Trier hatten es auf die Eisenklammern abgesehen. Ihnen steckte nämlich das Eisen in der Nase, das noch dazu mit Blei vergossen war. Sie schlugen Löcher in den Stein, bohrten Kerben in die Mauer, brachen die Klammern heraus, ja, noch heute sind die Rostabdrücke zu sehen. Wäre nicht Erzbischof Poppo gekommen und hätte eine Kirche daraus gemacht, wer weiß, was aus der Porta Nigra geworden wäre. Die Chinesen schieben ihre Brillen von der Nase, sie schauen in die Mauerritzen und rekonstruieren die Verankerungsweise der Eisenklammern.

Unter den Torbögen lustwandeln die Trierer mit ihren Gästen aus aller Welt. Sie wechseln aus der Überflußkultur in die nordische Barbarei und aus der robusten Vergangenheit wieder zurück ins weichere, nachgiebigere Leben zu Schweppes und Softlan. Linker Hand gibt es »Bit an der Porta« und rechter Hand in der Spielothek drehen sich die Glücksräder des 20. Jahrhunderts. Ein amerikanisches Ehepaar geht vorbei, sie, plump und schwer, mit Plastiktaschen in den Händen, schwitzt zwischen den Schulterblättern, er, schmal und hoch aufgeschossen, trägt einen Säugling auf dem Rücken. Der Kleine im Tragsessel heißt Gerry, es ist auf die Sessellehne geschrieben. Sie gehen an unserer Gruppe vorbei durch den ummauerten Innenhof, auf einem Fensterrahmen im Westturm ist zu lesen, von Hand geschrieben: »Stefan 1979 Michael überlebt.« Der Stein indessen hat längst wieder kosmogonische Formen angenommen, er verwandelt sich allmählich zurück in die ausgewaschenen Blöcke des Tethysmeers.

Dann sitzen wir im Bus und fahren mit Herrn Newel in

einer römischen Geschichtsstunde durch die Straßen der Stadt. Vor unseren Augen erscheint der Moselfluß, wir fahren auf der belebten Uferstraße, Katharinenufer, Krahnenufer, Johanniterufer, es braust und kreischt von Reifen und Motoren. Aber in unseren Köpfen regen sich lieber die Wörter des Dichters. »Hier tobt kein wild brandendes Meer!« ruft Ausonius aus, »hier schweigt der Orkane/ wildes Getöse, man kann hier leicht anknüpfen Gespräche/ Und mit wechselndem Wort fortspinnen den Faden der Rede./ Reizende Ufer vereinen die Stimmen zur frohen Begrüßung,/ Stimmen nicht nur, auch Hände beinah; von jeglicher Seite/ schallt antwortend das mitten im Strom sich begegnende Echo.«

Unsere Augen folgen Herrn Newels Zeigefinger, wir sehen die Römerbrücke und schauen nach, ob nicht eine Nixe zwischen den Pfeilern schwimmt; wir sehen die Barbara-Thermen und beobachten genau, ob nicht ein Bodybuilder in den Ruinen trainiert. Wo früher das Forum war, steht heute die Europahalle, wo einstmals der Circus lag, gedeihen heute die Gärten der Landes-, Lehr- und Versuchsanstalt für Weinbau, Obstbau und Landwirtschaft zwischen der Hermes- und der Agritiusstraße. In ihrem Bogen zeichnet sich noch die Nordkurve der Rennbahn ab, und auch im schnurgeraden Verlauf von Saarstraße und Neustraße, rechtwinklig geschnitten von Südallee und Kaiserstraße, bildet sich der römische Grundriß der Stadt ab.

»Wir fahren auf römischer Straße«, sagt Herr Newel, die Chinesen wenden die Köpfe und schauen durchs Rückfenster des Busses, wo lange noch die Mauer der Bäderanlage zu sehen ist. Alle drehen sich um und tun es den Chinesen nach, die Dame im Safarilook blickt hastig nach allen Seiten, aber es ist nichts Römisches mehr zu sehen, die Gebäude sind neu, monströse Klötze der fünfziger und sechziger Jahre, die römische Straße bleibt eine

Barbarathermen

schöne Metapher. »Wer nun möchte die Pracht der Fassaden getreulich zu schildern,/ reihweis nennen an jedem Gebäude die Formen des Baues?« fragt Ausonius, aber es findet sich keiner, die Fassaden liegen in Schutt, die Säulenveranden sind längst abgetragen.

Hin und wieder nur taucht aus dem Trümmerschutt ein Mosaikfußboden auf; ein Fundament wird gegraben, ein Pfeiler gesetzt, da stößt der Bagger auf Blütenrosetten und Flechtbänder aus Stein, es blüht aus dem Schutt, es windet sich ein farbiger Mäanderzopf aus der Baugrube. Manchmal kommt eine Rarität zum Vorschein wie das Bildnis des Dichters Vergil aus dem Monnus-Mosaik. »Rosen verehrt mir der Frühling und Obst der Herbst und der Sommer/ Ähren«, dichtet Vergil und besingt das Landleben, »der Winter allein schreckt mich als schaurige Pest./ Denn ich fürchte den Frost, hab Angst, die Bauern verfeuern/ unwissend, wie sie sind, mich, ihren hölzernen Gott.« Aber in Trier ist Vergil kein Pappelstamm, geschnitzt von Künstlerhand, kein Eichenstumpf, zurechtgehauen von Bauernaxt, hier ist er aus Stein, aus vielen farbigen Steinchen zusammengesetzt, und das war sein Glück. Zum zweitausendsten Todestag lieferte das Mosaik aus dem Trierischen Landesmuseum der italienischen Post die Vorlage zu einer Gedenkmarke im Werte von 600 Lire.

Aber Herr Newel duldet keinen Aufenthalt im Symbolischen, kein Verweilen im Ungefähren, er klatscht in die Hände, der Bus passiert den Ringverkehr, und in der Olewiger Straße halten wir vor dem Amphitheater. Goethe hatte es zu seiner Zeit mit kundigem topographischem Auge gemustert, Chateaubriand hatte es in sein patriotisches Leben einbezogen. »Bewundernswert«, schreibt Goethe in seiner »Campagne in Frankreich«, »bewundernswert war noch immer, wie die Alten, ihrer Weisheit gemäß, große Zwecke mit mäßigen Mitteln hervorzubringen suchten und die Naturgelegenheit eines Tals zwischen zwei Hügeln zu nutzen gewußt, wo die Gestalt des Bodens an Exkavation und Substruktion dem Baumeister glücklich vieles ersparte.« Goethe fand die Reste respektabel.

Chateaubriand dagegen ließ sich mit seinem Gewehr inmitten der Ruinen nieder, zog aus seinem Tornister das Manuskript seiner Reise nach Amerika und ordnete die Blätter auf dem Gras um sich herum. Er las sie noch einmal durch und verbesserte die Beschreibung eines Waldes und einer Landschaft seines Romans »Atala«, umgeben von den Resten des Amphitheaters, »und so«, schreibt er in seinen »Erinnerungen von jenseits des Grabes«, »bereitete ich mich auf die Eroberung Frankreichs vor.« Er saß auf römischen Trümmern, aber die Trümmer hielten zusammen dank einer dauerhaften Mauerspeise.

Nun hat auch Herr Tschang alle Hände voll zu tun, er übersetzt seinen Landsleuten nicht nur Herrn Newels Kalksteintheorien, er gestikuliert auch heftig und setzt mit seinen Händen die vertikalen und die horizontalen Ziegelreihen nach. Die Chinesen plappern, wie ein chinesisches Brigadekomitee plappert, vielleicht sind sie allesamt Bauspezialisten im Gelben Plan, doch Herr Newel dämpft den Ton der Chinesen, er lüftet das Geheimnis des Klamottenkalkbetons, und das interessiert besonders den breitgewachsenen Graukopf mit dem bayrischen Akzent.

Auch der Herr mit dem Mottenkugelduft findet dic Lehrstunde über römische Mauerspeise nützlich und aufschlußreich, und beide, wie die Chinesen, versuchen mit kräftigem Fingerdruck den Mörtel vom Stein zu kratzen. »Opus cementicium!« sagt Herr Newel triumphierend, als habe er selbst den Mörtel angerührt, »aber wenn Sie die Sitzreihen sehen wollen, dann müssen Sie nach Himmerod in die Eifel fahren, das Zisterzienserkloster dort ist daraus erbaut.«

Unter der Mauer, rings um den ovalen Rasenplatz, sitzen die Leute auf Bänken und schauen auf das spärliche Grün. An der Mauer wächst Efeu, ein paar Gänseblümchen blühen im Gras, aber dort, wo einst die Fünfundzwanzigtausend saßen, ist eine sommerliche Blumenwiese ausgebreitet, mit Habichtskraut und Hornklee, mit Kornrade und Lupinen, Hummeln sitzen in den Blütenkelchen und Eidechsen in den Mauerspalten.

»Panem et circenses!« ruft Herr Newel aus. Er steht etwas abgerückt von der Mitte des Ovals, und sein Ruf schallt bis hinauf zu den Leuten unter der Mauer. »Wenn Sie bitte in die Höhe schauen«, sagt er, und wir heben unsere Köpfe, einige blicken über ihre Schulter nach hinten, andere sogar drehen sich im Kreis, nur der Junge im T-Shirt weiß gleich Bescheid. Herr Newel nutzt nämlich die akustischen Brennpunkte, o ja, er verblüfft uns mit den Tücken der Physik, um uns die römischen Halleffekte vorzuführen. »Noch heute können Sie ganz oben an der Mauer hören, wenn hier unten in der Arena eine Münze zu Boden fällt«, erklärt er, »die Römer wollten jeden Laut der Qual genauestens vernehmen«, sagt er, »denn da kämpften: erstens wildes Tier gegen wildes Tier, zweitens wildes Tier gegen Mensch, und drittens, was wohl das grausamste war, Mensch gegen Mensch.« Jetzt steht Herr Newel im zweiten akustischen Brennpunkt, und wieder ruft er: »Panem et circenses!«

Das römische Publikum war versessen auf Brot und Spiele, und es war versessen auf Blut. Aus Rom weiß man, daß es Schauspiele gab, in denen die Helden tatsächliche Tode starben. Claudius liebte es, die Zuckungen und das Erbleichen der Sterbenden zu sehen, Nero vergnügte sich an lebendigen Fackeln aus Menschenleibern, Caligula unterhielt sich am besten, wenn Löwen ihre Opfer zerfleischten. Was da nicht alles inszeniert wurde! Ikarus stürzte mit entfiederten Flügeln von einem Gerüst und brach sich das

Kaiserthermen

Genick, Orpheus mit seiner Leier trat in die Arena und ließ sich von wilden Bären zerreißen, Mucius Scaevola hielt seinen rechten Arm in die Flammen, bis er, verkohlt, ihm vom Leibe fiel.

Auch die Dichter genossen den Blutrausch. Sie besangen die Körper, die nichts Menschliches mehr besaßen und doch noch atmeten und lebten; sie feierten die Lust am Blutvergießen; sie priesen die Kunst des schönen Sterbens. »Schwangere gebaren während der Vorstellung vor Wonne, so schön war das grausame Spiel«, sagt Herr Newel, was den gedämpften Ton der Chinesen noch mehr dämpft. Nur Seneca, das weiß man, erhob seine mißbilligende Stimme. »Diesen Rat, mein lieber Lucilius, präge dir tief in dein Herz«, schrieb er, und sein Rat war an die ganze Menschheit gerichtet: »Verachte die Freude, die aus dem Beifall der Menge entspringt.« Aber auch das gefällt den Chinesen nicht, sie nehmen Abstand von der europäischen Belehrungskunst und steigen lieber auf das Torgemäuer, von wo aus sie die Weingärten des Petrisberges sehen können. Sie sitzen auf den alten Steinen und verzehren ihr Pausenbrot.

Nur Herr Tschang ist bei der Gruppe geblieben, er hat sich umgedreht und zählt die imaginären Sitzplätze der Zuschauerreihen, schaut in die überwölbten Türöffnungen der Tierkäfige und steigt dann mit uns hinab in die unterirdischen Gladiatorenkammern. Hier lagen die Schuppen für Menschenleichen und Tierkadaver, die Räume für Kampfgeräte und Theatermaschinen, hier hoben und senkten sich die Aufzüge mit den Apparaten, aus denen, mechanische Wunder, die Götter stiegen, trockenen Fußes, denn das Grundwasser wurde, wie heute noch, abgepumpt und in den Olewiger Bach geleitet.

Das ist römische Wasserkunst, schade, daß die Chinesen, außer Herrn Tschang, ihr Interesse anderen Errungenschaften zugewandt haben. Während der Bus wieder stadteinwärts fährt, lauschen sie nicht Herrn Newels kenntnisreichen hydraulischen Erklärungen, sondern entziffern an der Mauer der Olewiger Straße die Namen »Romika« und »alwitra«, die so lateinisch klingen und nicht an eine Schuhmarke und Flachdachprodukte denken lassen.

Nun treten, hinter dem Schnellverkehr, hinter Triers kreuzungsfreiem Asphaltrondell, die roten Ruinen malerischer Bögen hervor, die Kaiserthermen. Aber es ist nichts geblieben von konstantinischer Prachtentfaltung, zerbrochen sind Marmor und Mosaik, zerschellt die Säulen, geplündert die Nischen, zerfallen die gekachelten Wände, so daß Herr Newel eine Abbildung der Basilika di Santa Maria degli Angeli über unsere Köpfe hält, damit wir sehen sollen, wie groß der römische Prunk eines Warm- und Kaltwasserbades und wie ähnlich es dem Innern einer Kirche einmal gewesen war. Herr Newel sagt: »Zweimal nebeneinander hätte man die Porta Nigra in einen Badesaal stellen können, so hoch waren diese Räume«, und Herr Tschang schaut sich um und fahndet nach seinen Landsleuten, die sich, mit Chinesischer Mauer im Kopf, längst abgesondert und modernerer Architektur zugewandt haben.

Wir aber ergehen uns in Räumen, die gar keine Räume mehr sind, die uns aber dank Herrn Newels eindrucksvoller Beschreibung in unserer Phantasie wiedererstanden und größer und schöner und noch prächtiger als einst in römischer Zeit wiedererbaut sind, wir lustwandeln im Caldarium, dem Warmbadesaal, wir tummeln uns im Tepidarium, dem Laubadesaal, wir schlendern im Frigidarium, dem Kaltbadesaal, malerisch ist das Mauerwerk gemustert, mit gelbem Natur- und rotem Kunststein, eine Sonnenraute zeichnet sich im schattigen Seitensaal ab, schwammen einst Nixen aus den Bögen hervor?

»Wir befinden uns auf dem Benutzungsweg«, erklärt

Herr Newel, und so spazieren wir am Ende an der Palaestra, dem Sportplatz entlang, wo einst Schwerathleten mit der Hantel und Leichtfüße mit dem Diskus beschäftigt waren. Von allen Seiten her dröhnt es und braust's, auf der Ostallee fährt ein Tiefladerkonvoi vorüber, durch die Kaiserstraße rauscht der Berufsverkehr. Fahrräder klingeln, Motorräder knattern, aus der Weberbach, wo die Busse parken, schallt das Klopfen und Scheppern der Dieselmotoren.

Aber schon Seneca beklagt das Getöse beim Bade, er schreibt an Lucilius: »Hier umdröhnt mich von allen Seiten Lärm jeder Art; denn meine Wohnung liegt gerade über dem Bade. Nun stelle dir das wilde Gekreisch aus allerlei Tönen vor! Es könnte einen dazu bringen, die eigenen Ohren zu verfluchen. Kraftmenschen üben hier, schwingen ihre bleibeschwerten Hände, bringen sich dabei in Schweiß oder tun wenigstens so; jetzt hört man sie stöhnen; wenn sie den angehaltenen Atem wieder ausstoßen, klingt es wie Zischen und wildes, hartes Aufatmen. Dann vernimmt das Ohr einen simplen Salber der gewöhnlichsten Art: Ich höre seine Hand auf die Schultern klatschen; je nachdem sie hohl oder flach auftrifft, sind die Töne verschieden. Kommt noch ein Ballspieler dazu, der seine Ballschläge zählt, dann ist das Maß voll. Denke dir dazu die immer wieder aufkommenden Zänkereien, den Lärm, mit dem man einen Dieb faßt, und das Geplärr von Leuten, die sich im Bade gern singen hören! Ferner das tosende Aufspritzen des Wassers, wenn einer mit gewaltigem Schwung ins Bassin springt. Das alles sind wenigstens naturgemäße Töne – dazu aber die dünne, schrille Stimme eines Haarausrupfers, der immerfort schreien muß, um sich bemerkbar zu machen, und erst dann schweigt, wenn er einem die Achselhaare ausrupft, wofür dann der Gerupfte losschreit!«

»Körperkultur war Kopfkultur!« sagt Herr Newel, und

wir begreifen, wie der Geist aus der Hantel und die Idee des Diskus in römischen Hirnen rumorte. Eine amerikanische Reisegruppe kreuzt unsere Bahn, Männer in Texashüten und Frauen mit Brillantketten, sie reden von Happiness und Hollywood, und die römischen Nixen von Trier haben sich in Esther Williams, die schwimmende Venus, und ihre Begleiterinnen verwandelt. »Wat hatten die lange Schwänze«, sagt eine ältere Frau zu ihrer Nachbarin, sie sitzen auf einer Parkbank am Rande des Ruinenfeldes und reden von Bayreuth im Fernsehen, von Richard Wagner und Rheingold, von Donald McIntyre, wie er den Rheintöchtern den Goldschatz raubt.

Wir spazieren durch den Palastgarten, Herr Newel geht voraus. Hinter dem linken Flügel des Kurfürstlichen Palais ragt der Giebel der Basilika auf, der rote Backstein glänzt wie Bronze. Herr Newel zeigt nach dem scharf markierten Giebeldreieck, mit seiner Rechten zeichnet er das Dreieck in der Luft nach, er bewundert, er verehrt, er preist die Majestät dieser römischen Aula, für den Barock des Kurfürstlichen Schlosses hat er nur einen flüchtigen Blick. »Sehen Sie diese schlichte Größe!« sagt er, wir schauen auf und folgen der Geste seiner Hand, die Alte schwenkt ihr schmutziges Taschentuch und verscheucht die Fliegen aus ihrem Gesicht, Herr Tschang winkt seine Landsleute aus den Blumenbeeten herbei, die streng frisierte Blondine aus den dreißiger Jahren sagt: »Wir in Bayern haben keine römischen Gebäude nicht, aber wir haben dafür die Berge.«

Die Palastaula, Krönungshalle des römischen Kaisers, Burg der fränkischen Könige, Residenz der Erzbischöfe, Schloß der Kurfürsten, überdauerte die Zeiten, weil sie, umgebaut, angebaut, fortgebaut, immerzu benutzt wurde. Heute steht sie, wie einst, als hohe, säulenlose Halle, mit Kassettendecke und Kassettenfenstern, kein Marmor, kein Mosaik, kein Gold schmückt die Apsis.

Von der Decke, vorne über dem Altar, hängt das große, schwere, vergoldete Kreuz mit verdickten Balkenenden, fast wie das Zeichen Frisch-Fromm-Fröhlich-Frei der deutschen Turnerschaft. Hinten, neben der Eingangspforte, liegt das Taufbecken, ein Erzeugnis evangelischen Kunstgewerbes, es ist gepflastert mit einem blauen Bodenmosaik, in dem sich abstrakte Goldfische abzeichnen. Gegenüber liegt ein Verkaufsstand für Postkarten und Eintrittskarten für das nächste Kirchenkonzert. Der fast leere Raum desorientiert das Auge, wir sitzen auf den Kirchenstühlen, die wie Möbelstücke aus der Puppenstube anmuten, ohne rechten Begriff für die Ausmaße, ja, wir sind auf Herrn Newels Erläuterungen angewiesen.

Herr Newel redet, und wieder zaubert er eine ganze altertümliche Welt herbei, er redet und malt den majestätischen Raum, mit seinen prächtigen Wörtern malt er den schwarzweiß gemusterten Fußboden, den Sockel mit den Marmorplatten, die Nischen mit den Standbildern, die Apsis mit dem Kaiserthron. Er malt mit orientalischen Farben, und für einen Augenblick ist die evangelische Kirche von Trier ein byzantinischer Sultanspalast. Herr Newel bemüht die Psychologie, er expliziert die Wirkung der doppelten optischen Verkürzung, er deutet den Beherrschungseffekt aus, den der Architekt ersonnen hatte, ja, der Mensch sollte sich klein und erbärmlich vorkommen vor der Größe des Kaisers, denn sein war das Reich und die Macht und die Herrlichkeit in Ewigkeit. Spekuliert die evangelische Kirche von Trier vielleicht heute noch mit diesem römischen Effekt? Da dreht sich die Kindergärtnerin mit dem Ponykopf um und sagt: »Kaum.«

Hinten im Taufbecken sitzen die drei Chinesen. »Bitte nicht betreten!« steht auf einer Tafel geschrieben, aber da sitzen sie auf dem Beckenrand und scheren sich keinen Deut um die Majestät dieses Raumes. Sie lächeln und nicken mit den Köpfen auf chinesische Weise, im blauen Becken tummeln sich die Goldfische. Vielleicht verwandeln sich die Chinesen und vermehren das Becken um drei weitere, damit Petrus das nächste Mal einen guten Fang tut und drei lächelnde Goldfische aus dem Netz ziehen kann. Ist das nicht eine biblische Geschichte in Mosaik, eine Legende in Stein?

»Diese Steine reden!« sagt Werner Picht in seiner Wesensbeschreibung der Stadt Trier, »ihre Sprache ist gebieterisch und befeuernd wie der Klang der Tuba«, und tatsächlich, das ist ein Hupen und ein Tuten, ein Pfeifen und ein Gellen, ein Trillern und ein Klingeln, das ist ein ganzes Zwölftonkonzert von Bosch- und Martins-, von Flügel- und Doppel-, von Zwei- und Drei- und Vierklanghörnern, als wir jetzt auf den Konstantinplatz treten, lauter als ein Konzert von Beethoven und heroischer als eines von Richard Wagner. Ja, waren es nicht sogar Posaunen, die die Mauern von Jericho zum Einsturz brachten? Und da wünschte sich Lykurg eine Mauer aus Männern, wo schon der Schamotteziegelverband und der Klamottenkalkbeton in Trümmern fällt, wenn eine biblische Trompete erklingt.

Gen einer steinen Klausen

Ausflug mit Friedrich Spee

Weiß gestrichen, mit rotbraunen Kanten, im traulichen Winkel bei der Jesuitenkirche, liegt das Priesterseminar. Unter einem Wappen, das einen Hahn im Felde zeigt, ist eine Tafel angebracht, auf der heißt es: »In diesem Hause hat gewohnt und in der Kirche nebenan liegt begraben Friedrich Spee von Langenfeld, S. I., der tapfere Bekämpfer des Hexenwahns und fromme Dichter der ›Trutznachtigall‹, geb. 1591, gest. 1635«, ein geistlicher Vorfahr und Ordensbruder des Trierers Nell-Breuning.

Welcher Teufel ihn wohl geritten habe, den späten Jünger Christi als ein monströses Fabelwesen darzustellen, halb Don Quichotte, halb Chef eines blühenden Exporthauses, und welcher Satan es ihm eingeblasen habe, in der Societas Jesu nicht den Finger Gottes zu sehen, sondern die Errungenschaft eines blessierten Junkers, fragte sich Ludwig Marcuse, nachdem er seine Lebensbeschreibung des Ignacius von Loyola beendet hatte, und das frage ich mich auch, wenn ich jetzt einen Gesellschafter von ihm, den deutschen Jesuitenpater Friedrich Spee, nicht Wunden waschend und Tränen trocknend, sondern spazierengehend und Gedichte schreibend schildere, wo es doch Kriegs- und Pestzeit in Deutschland und dazu Hungersnot auch in Trier ist und es eher geboten wäre, den Samariter als den Sänger zu beschreiben.

Vielleicht ist es der Teufel von Trier selbst, der Satan

vom Sexkino, der mich mit Friedrich Spee hinaustreibt, denn genau an der Stelle, wo die Brotstraße und die Neustraße ineinander übergehen und wo es nur ein paar Schritte in den Winkel sind, in dem Jesuitenkirche, Priesterseminar und Alte Universität beieinanderliegen, da liegen, im »Capitol« unter einem Dach, das »Cinema« und das »Bambi«, die »Katakombe« und das »Rex«, und ganz in der Nähe gibt es auch Dr. Müllers Sexshop. Im »Cinema« gibt es »Ninja, die Killermaschine«, im »Bambi« »American Werewolf«, in der »Katakombe« »Stoßgebet für einen Hammer« und im »Rex« »Eis am Stiel«, und die Frage »Wohin gehst du, wenn die Party vorbei ist?« wird prompt und praktisch und nicht poetisch und mit Umschweife beantwortet.

Während wir, prüde wie wir sind, durch die Fahr- und Nagelstraße stadtauswärts schlendern, steht der Küster der Jesuitenkirche auf der Türschwelle des Priesterseminars. Die Hinterfenster des »Capitols« stehen sperrangelweit offen, es scheppert und dröhnt, der Lärm der Killermaschine und der Atem der Stoßgebete dringen über den Vorplatz und verhallen im Ohr des Küsters. O ihr Trierischen Teufel, ihr kinematographischen Satane, wie nahe beieinander liegen doch Himmel und Hölle, wie innig durchdringen sich Unter- und Oberwelt!

Der Küster schwitzt auf der Oberlippe, er dreht die Hände nach einwärts und betrachtet seine Fingerspitzen, als kenne er das Gedicht von Günter Eich, das jedermann ermahnt, seine Fingerspitzen im Auge zu behalten, sie fortwährend zu prüfen, tagtäglich anzusehen, ob sie sich nicht schon verfärbt haben, weil ja die Pest wiederkomme, die so lange Jahrhunderte ausgerottet schien, aber vielleicht längst wieder unter uns weile, vielleicht als Brief im Kasten, vielleicht als Hering auf dem Teller. »Was tun wir, da niemand mehr lebt von denen, die mit ihr umzugehen wußten?« fragt Günter Eich, und der Küster schaut von seinen Fingerspitzen nach dem Hinterfenster des Kinos.

Wir sind inzwischen am Krahnenufer angelangt, mit Kribbeln in den Fingerspitzen, mit Friedrich Spee im Kopf. Es ist spät im Jahr, ein kalter Oktoberwind fegt über die Uferstraße, aber der Himmel ist klar, im Moselwasser spiegeln sich zarte Schäfchenwolken, unter den Füßen raschelt das bronzefarbene Herbstlaub. Es kribbelt uns nicht nur in den Fingerspitzen, auch in den Zehenspitzen juckt und kitzelt es, doch wenn wir mit den Schuhen kräftig in den Blättern scharren, dann breitet sich Wärme aus, und das Prickeln läßt nach. Nein, es ist nicht mehr Sommer wie in den Gedichten von Friedrich Spee, und bis zum Frühling, der in ihnen mit flirrender Luft und fröhlichem Quellensprudeln anhebt, ist es noch lange hin.

Die barocken Fischerhäuser am Zurlaubener Ufer sind herbstlich zugeknöpft, alle Fenster sind geschlossen, die Türen stehen nicht mehr offen wie im Sommer, und auch die runden, rotbackigen Moselköpfe, die sonst hinter den Butzenscheiben zu sehen waren, sind in der Tiefe der Gaststuben verschwunden. Jetzt sind auch die Terrassen blank und kahl, der Wind kehrt die Blätter in einer Ecke zusammen, ein kleiner Junge springt hinterher und dreht sich mit den Blättern im Kreis.

Kabinenbahnstation, Jugendherberge, Kanuclubhaus, die architektonischen Fremdkörper der fünfziger und sechziger Jahre, zerrissener und unzeitgemäßer als das menschenfreundliche Barock, starren blind mit ihren leeren Ganzglasfenstern nach dem Uferstreifen, nur in den abgeernteten Herbstgärten regt sich noch ein wenig Leben, das Erbsenkraut hat noch einmal ein paar Blätter bekommen, der Wirsing ist geschossen, aber das Rotkraut ist schon blau angelaufen vom ersten Frost.

Die gestutzten Weiden, bürstenhaarige, greisenhafte Knorzköpfe, recken sich über die Krone der Sandsteinmauer, die Mauer hinter der kleinen Stichstraße ist mit Glassplittern und spitzen Pfählen gespickt, kein Zweig wagt sich in die Höhe der Mauerkrone. Zwei Angler im gelben Friesennerz, einen roten Plastikeimer zwischen sich, stehen am Ufer wie eine synthetische Doppelfigur aus einem Science-fiction-Film. Ein Lastkahn, moselabwärts, und ein Güterzug, moselaufwärts, ziehen aneinander vorbei und zeichnen die bewegte Grundlinie eines Felsenrechtecks. Hierher spazierte auch Friedrich Spee, früh im Jahr, und zu einer ganz anderen Zeit.

Friedrich Spee ist in Kaiserswerth geboren, am 25. Februar 1591 als Sohn eines kurkölnischen Amtmanns und Burgvogts. Er verbringt seine Kindheit am Rhein, das Wasser, die Luft, der Himmel sind ihm besonnt und beseelt, er schaut sie an und besingt sie und wird nicht aufhören damit sein kurzes, bewegtes Leben lang. 1610 bittet er um die Aufnahme in die Gesellschaft Jesu. Als Novize lebt er in Trier, als Student in Würzburg, als Katechet in Speyer und Worms. Er ist den Hexenjägern auf der Spur, den Inquisitoren und Folterknechten, in Bamberg und Köln, in Peine und Paderborn. Im Dorfe Woltrop entrinnt er mit knapper Not dem Mordanschlag eines Wegelagerers, im Paderborner philosophischen Seminar mit Müh und Not dem Zugriff geistlicher Honoratioren. O ja, er ist ein tapferer Bekämpfer des Hexenwahns, wie es die Trierer Marmortafel zu Recht sagt, er scheut nicht die Keule des Mörders und nicht die Verdikte der allmächtigen Dekane.

»O Heiland, reiß die Himmel auf!« ruft er aus, und tatsächlich ist dieser späte Oktobertag von einem blendenden Licht übergossen, so als wären alle Wolken, alle Nebelfetzen, alle Dunstschleier von der Sonne weggezogen und sie scheine mitten aus einem tiefgehöhlten Himmelskrater heraus. Ihre Strahlen liegen auf dem geknickten Walmdach des Gartenhauses, sie wärmen ein halbes

Jesuitenkolleg, Alte Universität

Dutzend Tauben, das in einer Reihe auf der Giebelkante sitzt. Wir stehen hinter dem eisernen Geländer der Uferpromenade, über ein Brennesselfeld hinweg schauen wir zum gegenüberliegenden Moselufer. Rote Bojen aus Plastik tanzen im Wasser, im Wind wellt sich seine Oberfläche wie ein verbeultes Waschbrett.

Die andere Seite des Flusses ist ein Gemälde, idealistisches Abbild einer Kulisse, Ausschnitt aus einer heroischen Landschaft. Steil ragen hinter der Uferstraße Sandsteinwände auf, »haushohe Felskerle sperren den Weg, in rostroter Buschklepperrüstung, den riesigen Wackelstein als Schädel«, wie Arno Schmidt die Serriger Felsen der unteren Saar beschreibt, und so wie ihm die ziegenfüßigen Landleute in die Quere kommen, so sind es hier bockshörnige Rotschöpfe aus der tiefsten Unterwelt. Und über den Steinköpfen steht die Kontur der Tannenwipfel als struppige Haarfrisur.

Es sind Felsbrocken wie sie auf Bellinis »Religiöser Allegorie« zu sehen sind oder auf Hieronymus Boschs »Versuchung des heiligen Antonius«, rote, bizarr geformte triassische Klippen, und die Landschaft ist nicht nur eine heroische, sondern eine metaphysische.

Unterhalb der Sandsteinschädel, mit sanft geschwungener Kante wie ein mandelförmiges Augenlid, liegt ein kleiner Weinberg, und er heißt auch »Im Augenschein«: »Eynen wingart gelegen in Eschauwe geynt dem fair über zu sent mergen, zu beyden syten gelegen«, erzählt eine St. Mariener Urkunde von 1442, und eine ältere von 1259 spricht von einem Weinberg bei Pallien, der an einer Stelle liege, die man »Cloze« nennt.

Die Abtei von St. Marien steht längst nicht mehr, auch die Fähre über den Fluß ist außer Betrieb, nur das Gartenhaus liegt an der alten Stelle, und die Tauben auf dem Walmdach haben biblisches Alter erreicht. Wo einst St. Marien stand, liegt heute das Schwimmbad und hinter der Zurmaiener Straße das Moselstadion, die Tennisplätze und der Städtische Friedhof, mit der Schnur gezogene Sport- und Schädelstätten, Fleischbeschau und Knochengrube so nah beieinander wie sonst nur im Schlachthaus.

Der Herbstwind bläst um die kahlen Betonwände des Schwimmbads, die Tauben sind ganz eng zusammengerückt.

Friedrich Spee ist nicht, wie wir, eingehüllt in die Lärm- und Dunstglocke der Zivilisation, durch Fahr- und Nagelstraße und am Krahnenufer entlang gegangen, er ist zum Stadttor von St. Simeon herausspaziert, schnurstracks in die Wiesen hinein, mitten durch Felder und Gärten, ein sanftes Kulturwesen, umfangen von einer Wolke aus Vogeljubel und Frühlingsjauche, und da lag das Kloster, bei einer Quelle, am Rand eines kleinen Waldes. »Ach Jesus!« ruft er aus, und vom gegenüberliegenden Moselufer schallt ihm sein Ruf zurück.

Wir spazieren mit Friedrich Spee, und Friedrich Spee spaziert mit Jesus. Aber er wendet sich, mit dem Jesus an der Hand, nicht etwa von den irdischen Dingen ab, sein Jesus ist süß und lieblich, zum Einverleiben zart, er umarmt ihn und er küßt ihn, ein inbrünstiger Professor, ein verzückter Poet, mit einem Vogel im Kopf. Seine Nachtigall ist eine Trutznachtigall, und wenn er eines seiner Lieder anstimmt, dann tönt es galant und verspielt wie im Schäferstück. In zauberischen Klängen, in prächtigen Bildern blüht die Natur auf, es ist, als singe ein verliebter Wanderbursche, der auf einem Stein Platz genommen und Jesus herübergerufen habe, sein Gespons Jesu, der sich am anderen Flußufer in den roten Felswänden verstiegen hat.

Und tatsächlich, Friedrich Spee wird von St. Marien aus nach Jesus rufen, und ein paar Tage später wird er in seiner Kammer sitzen und ein Gedicht schreiben, »Ein spiel der Gespons Jesu mitt einer Echo oder Widerschall«, und das Gedicht wird erzählen, was sich an diesem Trierer Frühlingstag zugetragen hat: O ja, alles was wir heute, an einem blanken Oktobersonntag, sehen, umrauscht von Motorengebrumm, umnebelt von Auspuffgasen, das hat Friedrich Spee auch gesehen, mit Vogelgezwitscher im Ohr, mit Jaucheduft in der Nase.

»In grünem Wald ich newlich saß
Gen einer steinen Klausen;
Da kam durch zartes Laub und Graß
Ein sanftes Windlein sausen.
  Ein Brünnlein klar
  Beyseiten war,
So frisch und fröhlich spritzet;
  Ein Bächlein rein,
  Auch eben fein
Von hohem Felsen schwitzet.
Der schöne Frühling schon begund,
Es war im halben Mertzen,
Da seufftzet ich von Seelengrund,
Der Brand mir schlug vom Hertzen.
  Ich Iesum rieff
  Auß Hertzen tieff:
Ach Iesu thet ich klagen;
  Da gund es bald
  Auch auß dem Wald
Ach Iesu deutlich sagen.«

Ist etwa der Weinberg »In Eschauwe« am anderen Ufer der Mosel der Weinberg in der Echo-Aue, von dem Friedrich Spee in seinem Gedicht erzählt, und gar nicht der Weinberg »Im Augenschein«? Und was ist die »Cloze«? Ist sie etwa die steinerne Klause aus dem Gedicht von Spee, oder ist sie die »Clous«, der Wasserstau eines alten Müh-

Hieronymushöhle

lenteichs, oder gar das Brünnchen, von dem es noch immer den gemauerten Rundbogen gibt, der den Weinberg von der Bonner Straße trennt?

Zwischen den Rebstöcken gehen die Winzer einher, zwei Frauen in Trainingshosen, mit Schürzen vorgebunden und Kopftüchern, die weit über die Ohren gezogen sind, und ein alter Mann, der sich über eine Plastikbütte beugt. Am Bordstein der Bonner Straße steht ein Traktor mit Anhänger. Zwei junge Männer in gelben Cordhosen und Rollkragenpullovern reichen einander die Bütten zu, der eine, den Fuß auf die Brettkante des Anhängers gestützt, kippt eine nach der anderen über die linke Schulter, ein immer gleichbleibender Ablauf, ein sanfter Rhythmus der Arbeit, und als jetzt die eine der Frauen auf den Mauerrand tritt, die Häufelhacke geschultert und eine Handvoll Traubenklötze an der Ranke haltend, da erstarrt die Szene für einen Augenblick zu dem Herbstgemälde des Francesco Cossa, auch der blaue Oktoberhimmel über dem Sandsteinfels läßt die Schleierwolken nicht weiterziehen, und auch die Trierer Dächer sind von einem gefrorenen Schieferblau wie die Turmdächer der gemalten umbrischen Stadt.

So stehen wir der steinernen Klause gegenüber, zwei Kinder aus dem Märchen, vom Anblick eines Zauberfelsens gebannt, zwei Betrachter in einer imaginären Gemäldegalerie, einem oklahomischen Naturtheater, allmählich erwärmen wir von innen heraus, auch wenn es kein sonniger Märztag ist, wie der Tag, als Friedrich Spee nach seinem süßen Jesus rief. Wir sind immer noch auf das Geländer der Uferpromenade gestützt, haben unsere Jackenkragen hochgeschlagen, die Hände in den Taschen vergraben, und sehen zu, wie die Herbstgestalten im Weinberg unterhalb des Sandsteinfelsens plötzlich wieder zum Leben erwachen und mit Bütten und Hacken zwischen den Weinstöcken einhergehen. Aber das Spiel der lebenden Figuren bleibt ein eigentümliches Marionettentheater, und der Fels mit den Schluchten und Höhlen ist die Kulisse, vor der sich die Winzer wie Holzleiber aus dem Puppenspiel hin und her bewegen.

Die Klause im Fels ist eine verborgene, eine zauberische, eine legendäre Klause. Es ist die Höhle des heiligen Hieronymus. O ja, niemand anders als Hieronymus, der Kirchenlehrer und Einsiedler, der Übersetzer und Bücherwurm hat einst in dieser Felswand gehaust, und von hier aus ist er nach Rom gezogen, um die Bibel aus dem Hebräischen ins Lateinische zu übersetzen. Friedrich Spee rauchte sein Pfeifchen, uns steht der flatternde Atemhauch vor dem Mund, ich rufe zum anderen Ufer hinüber: »Hieronymus!« und von der rostroten Felswand schallt es zurück: »Hieronymus!« Da ist auch der Hauch vor meinem Gesicht dick und dunkelblau wie der Tabaksrauch aus dem Munde von Friedrich Spee.

Wo keine Fähre ist, muß eine Brücke her. Und so fahren wir über die Kaiser-Wilhelm-Brücke auf die andere Seite des Flusses. Während Friedrich Spee gegen die steinerne Klause rief und das Echo herausforderte, während er mit dem Echo spielte und im Widerhall seinen Jesus fand und wieder verlor, rücken wir zu der Höhle vor, neugierige Geheimnisbrecher, vorwitzige Pfadfinder, literarische Topographen, dringen durch ein halbgeöffnetes Tor an der Bonner Straße, steigen über die Steinplatten eines Privatwegs.

»Betreten des Grundstücks verboten! Eltern haften für ihre Kinder! Unberechtigt parkende Fahrzeuge werden kostenpflichtig abgeschleppt!« heißt es auf einem Schild, aber wir steigen, trotz Mahnung und Verbot, zu dem Haus hinauf, das hoch an den steilen Fels gebaut ist, und suchen nach dem Pfad, der nach der Höhle führt.

Das Haus ist von jungen Leuten bewohnt. Auf der Terrasse sind Landkarten, Stadtpläne, Straßenverzeichnisse ausgebreitet, ein junger Mann, rothaarig, rotbärtig, mit kantigem Kinn wie der Teufel auf den allegorischen Gemälden, schaut von den Blättern auf und lächelt freundlich. Ein kleiner Hund, rothaarig wie sein Herr, kläfft mit spitzer Stimme und springt ihm zwischen den Beinen hindurch. »Das ist der Hexenturm«, sagt er, »der Pestturm«, und wir schauen auf unsere Fingerspitzen, die aber blau verfärbt sind vom frostigen Wind. Von einer Hieronymushöhle weiß der junge Mann nichts, doch über dem Haus, dicht am Fels, über Sandsteinplatten und verrottete Baumstämme hinweg gebe es einen Pfad ins Gestrüpp, und dort lägen auch Höhlen, nicht tief, aber geräumig genug für einen Aussteiger, dem ein primitives Dach über dem Kopf genüge. »Erst nach links, dann in scharfem Winkel nach rechts abbiegen«, sagt der Rotschopf und beugt sich wieder über seine teuflischen Architekturpläne.

Wir klettern im Stein, steigen durch Brombeergebüsch, attackieren den Fels. Unter uns, auf der Wiese neben dem Pestturm, hängt die Frau des jungen Architekten Wäsche auf die Leine, sie nimmt die Klammern aus ihrer Schürzentasche und steckt sie eine nach der anderen auf die Hemden und Handtücher, als markiere sie Fixpunkte auf einer der Landkarten ihres Gefährten. Der rothaarige Kläffer springt an einem Kinderwagen hoch, der neben der Frau im Gras steht, er stellt sich auf die Hinterbeine und miefert wie Zerberus an der Schwelle des Hades. Wir winden uns unter dornigen Akazienzweigen, durch dichtes Efeugestrüpp, im Laub liegen spitzige Kastanienfrüchte, sie sind aufgeplatzt, und die Kastanien glänzen zwischen den gelben Blättern. Hier, am Ende des Pfads, hinter massigen Brocken, bleckt ein Felsspalt im Sandstein, mit schräger, glatter Wand, in welche Querrinnen und schmale Nischen eingemeißelt sind.

Saß hier der heilige Hieronymus, hat hier der alte Bü-

Viez und Moselfische

cherwurm seine Pandekten und Pergamente in steinernen Regalen aufbewahrt? Der Stein ist kahl und kalt, auch wenn er rot leuchtet, weil die Sonne in die Spalte scheint. Das ist kein Gehäus, wie Albrecht Dürer es in Kupfer gestochen hat, keine behagliche Studierstube, wo ein Kürbis an der Decke hängt, ein Totenschädel auf der Fensterbank ruht und ein Löwe friedlich auf der Türschwelle liegt. Der Löwe hat ein Gesicht wie ein altes Kätzchen, den Schwanz hält er graziös zwischen die Beine gestreckt, und ein sanftes Lächeln wölbt seine Lippen.

Hieronymus sitzt am Tisch. Den kahlen Schädel über ein schräges Pult gebeugt, schreibt er. An der Wand hängen Sonnenhut und Sanduhr, in den Fensterlaibungen spielen die Reflexe der Butzenscheiben. Hieronymus schreibt, die Bücher sind seine Leidenschaft, die Bücher sind sein Los. »Da er aber mit denen weltlich- als geistlichen Büchern oblage/ hat ihn Gott deßwegen zu Gericht stellen/ und hart geißlen lassen«, schreibt noch 1737 »Das Morgen-Brod«, ein Heiligenbuch »Der Christlichen Vollkommenheit Geflissner Seelen«. Ja, Hieronymus schreibt und läßt sich nicht beirren, der Löwe lächelt, und das spitzohrige Hündchen an seiner Seite schläft den Schlaf der Gerechten. Aber auch Hieronymus braucht nicht mehr gegeißelt zu werden, ein Heiligenschein strahlt über seinem Schädel, und im »Morgen-Brod« heißt es: »Lehrne von disem Heiligen/ was für Bücher zu lesen seyen. Bette Für die/ so verbottene oder sonst unnütze Bücher lesen.« Im warmen Gehäus geborgen, schreibt Hieronymus, wir schauen in die kunstvoll gebaute Holzbalkenkulisse hinein, aber Hieronymus blickt nicht auf, er obliegt seiner Leidenschaft, für die er zuerst gegeißelt und am Ende geheiligt wurde.

Nein, Dürers Hieronymus im warmen Studierzimmer ist nicht der Trierer Hieronymus in seiner Sandsteinhöhle über dem Moseltal. Das gelbe Kastanienlaub raschelt unter unseren Füßen, tief unter uns im Weinberg brummt der Motor eines Traktors, durch die entlaubten Büsche blitzen die rotlackierten Allzweckscheren der Winzer. Sind wir bis zur Höhle des gegeißelten Bücherwurms durchgedrungen, haben wir die heiligen Bücherborde gesehen? Oder ist es uns ergangen wie einst in der Bretagne, als wir im finsteren Moor des Yeun Elez den Eingang zur Hölle suchten, uns an der Straße von Huelgoat nach dem Roc Trévezel im Sumpfland verliefen und auf überwachsenen Pfaden Richtung und Rauflust verloren. Nirgendwo tat sich der Schlund einer Hölle auf, kein rothaariger Architekt reckte sein Kinn und prüfte die Lagepläne der Unterwelt.

So drängen wir uns durch die Büsche zurück zum Hexenturm und können nicht wissen, daß ein paar Tage später Herr Horras aus Pallien kommen und uns wieder ins Unterholz, wieder ins Dickicht, wie er uns endlich in die längst überwachsene Legende führen wird. Ja, Franz Georg Horras weiß den rechten Weg, Karl Arenz, der alte Heimatforscher, hatte ihn eines Tages hergebracht, und nun führt er uns über zusammengestürzte Bäume, über verkrüppelte Äste, durch Laub und Lichtung zur versteckten Höhle. Wir steigen über eine Mauer, überwinden einen Stacheldraht, springen über Gräben, klettern am Hang. Linkerhand schwitzt der Fels die Quelle aus, von der Friedrich Spee erzählt, rechterhand stürzt der Stein zu Tal, aus dem die Stimmen der Winzer steigen. Auch Herr Horras spricht sein Palliener Gallisch, seine Vokale singen, ist es das gleiche Gallisch, von dem Hieronymus sagt, es klinge wie das Galatische vom kleinasiatischen Mittelmeerstrand?

Und ist nicht Herr Horras, mit schwarzem Haar und schwarzem Bart, ein wiedererstandener Friedrich Spee? Schaut er nicht hinter der Akazie hervor wie Friedrich Spee hinter dem Pfeiler des Kölner Avenariusfrieses? In unserem Gedächtnis steht er immer noch am gegenüberliegenden Ufer und spielt mit dem Namen Jesu Federball, aber die Wörter hallen stückweis und abgestumpft über Räder- und Motorengedröhn und verkehren schalkhaft ihren Sinn:

»Mein / wo dan Jesum treff ich an?
Ist dirs halt unverborgen?
Da seiner wolts kein wissen han;
Gab nur daß wort verborgen.
  Ey dan dich troll/
  Rieff ich im groll/
Fahr hin in Gottes nahmen:
  Ich auch tratt an/
  Und wolte gahn/
Da klang von weitem Amen.«

Jetzt reitet uns der Teufel, und der Satan bläst uns ein, laut hinüber- und zurückzurufen ins 17. Jahrhundert. Aber von dort und von der anderen Seite her wird es kein Echo geben, der Wald ist verschwunden, der Bach ist versiegt, Friedrich Spee ist in der Geschichte untergetaucht. Im »Cinema« dröhnt die Killermaschine, in der »Katakombe« hämmert das Stoßgebet, der Küster der Jesuitenkirche schwitzt noch immer auf der Oberlippe und betrachtet seine Fingerspitzen.

Friedrich Spees Grab, durch die Jahrhunderte unentdeckt, fand man erst 1980, als die Krypta der Jesuitenkirche restauriert wurde. Am Gewölbe auf der rechten Seite, über verrotteten Kistensärgen, entzifferte man den Namen und das Todesjahr: P.FRE.SPE A 1635. Ist es nun Friedrich Spee, ist es Friedrich von Spee, oder ist es Friedrich Spe von Langenfeld?

Über die Steinplatten des Vorhofs schlendern die Eingeweihten im gelehrten Disput. Die Anthropologen streiten mit den Volkskundlern, die Patres mit den Familienhistorikern, für Karl Marx, der täglich über das gleiche Pflaster ins Gymnasium ging, war Name Schall und Rauch. »Das einzelne Ich in seinem einzelnen Sein soll verharren«, umspielt er einen Gedanken des Plutarch, »der Name ist also bloß die sinnliche Vorstellung dessen, was er ist, und soll das Gegenteil bedeuten.«

Worum geht es? Es geht um die Veränderung und ums gänzliche Aufhören. »Angenehmer, meint Plutarch, klingt der Name der Veränderung«, sagt Karl Marx und ergötzt sich am Zusammenspiel der dialektisch gekehrten Sätze, er lauscht dem Widerhall der Thesen, so wie Hieronymus die Sprache der Gallier in der der Galater hat klingen hören und wie Friedrich Spee der Name Jesu im Echo widerfuhr. Unser Ausflug endet im Imaginären, dort wo das Ding mit dem Namen zusammenfällt, am Zurlaubener Ufer, im »Mosellied«.

In mächtig gemauerten Gründen

Lustwandeln vor den Toren

Katholizität ist, wie Faktizität die Tatsächlichkeit und Historizität die Geschichtlichkeit ist, die Katholischkeit schlechthin, das Katholischsein über alle Eigenschaften des Katholizismus hinaus, sozusagen das Katholische als unwandelbare Eigenart. Eine Protestantizität gibt es nicht.

Katholizität ist mächtig. Sie ist in tiefen Fundamenten gegründet, in fränkischen, in römischen, in keltischen, in trojanischen. Die unzähligen Kirchturmspitzen, Zeugnisse mächtiger Katholizität, schiefergedeckt in Trier, blau und sonnenbeglänzt, ragen in einen hohen, hellen Moselhimmel. Der spitze Turmhelm von Liebfrauen war einst so hoch und so spitz und dem Himmel so nahe gerückt, daß ein Sturm ihn im Jahre 1631 zerbrach und abwarf. 1631 war das Jahr der Belagerung und Erstürmung Magdeburgs durch Tilly und das des Sieges Gustav Adolfs über Tilly bei Breitenfeld.

»Jesus Maria!« hatten die katholischen Kaiserlichen bei Magdeburg gerufen, »Gott mit uns!« die protestantischen Schweden bei Breitenfeld. Der kaiserliche Ruf war später auf marianische Wimpel, der schwedische auf preußische Koppelschlösser übergewechselt. Die Katholizität stand auf dem Spiel, auch Trier bekam die Zeichen zu sehen, selbst wenn es ein Sturm des Himmels und keiner der Heere war, der den Helm von Liebfrauen zerschmetterte.

So hoch über Trier aber, wie Merian gesessen haben muß, als er die Stadt in Kupfer stach, kann niemand sitzen, außer dem lieben Gott im Himmel. Und Gott muß wohl Merian in seinem Schoß gehalten haben, als dieser seinen Stichel handhabte, denn Merian saß so hoch und so weit entfernt im goldenen Sonnenglanz, daß es keine katholischen Wimpel und keine protestantischen Koppelschlösser, überhaupt keinen Dreißigjährigen Krieg für ihn gab, und auch die Spitze von Liebfrauen sitzt noch unversehrt auf ihrem Turm, obgleich sie schon seit bald fünfzehn Jahren auf dem Pflaster im Schutt hätte liegen müssen.

Die Stadt ruht, zwischen Apollinisberg und Martisberg, behaglich in ihren Mauern, Feld reiht sich an Feld, Garten an Garten, an umfriedeten Weingärten entlang zieht der Treidelfuhrmann auf dem Saumpfad. Drei Pferde gehen hintereinander her, er sitzt auf dem Rücken des letzten, schwingt die Peitsche, und mit geblähtem Segel zieht das Packboot stromauf. Der Krahnen am Stadtufer ist von Lastkähnen umringt, Herren und Knechte drängen sich an der Mauer, vor dem Stadttor haben Reiter ihre Pferde an die Schwemme geführt. St. Martin, stromabwärts, ist breit und mächtig auf die schmale Doppelinsel hinausgebaut, die Römerbrücke, stromaufwärts, wölbte ihre Schwibbögen kühn über die breiten Pfeiler.

Überall sind Menschen zu sehen, auf der Brücke, am Flußufer, vor den Toren, selbst auf den fernsten Pfaden. Um Häuser und Kirchen schlingt sich die rote Sandsteinmauer, mit der Porta Alba im Süden, durch die die Trierer nach Sieg und Triumph, und mit der Porta Nigra im Norden, durch die sie nach Niederlage und Schmach in die Stadt zurückkehrten, wie es die »Gesta Treverorum« berichtet.

»Alles aus mächtigen Steinen«, sagt die »Gesta Treve-

In St. Paulin

rorum« schon in ihrer Beschreibung des mittelalterlichen Triers, 500 Jahre früher. Ja, alles ist mächtig, von außen und von innen, außen und innen. Und noch 500 Jahre früher sah Bischof Venantius Fortunatus den mächtigen Wall, den das Volk aufgemauert hatte, und Bischof Agritius sah den mächtigen Hirtenstab, den der Papst ihm gesandt hatte. Alkuin, der Lehrer und Ratgeber Karls des Großen, faßt die Mächtigkeit der äußeren Erscheinung und die Macht des geistigen Vorrangs zusammen; er rühmt:

Alt ist Trier und machtvoll und reich
  an Mauern und Türmen,
Ringsum ganz umsäumt von heiligen
  Kirchen die Stadt auch,
Wo der gläubigen Welt einmütig
  andächtige Scharen
Tag und Nächte verwachen zum Lobe
  und Preise des Herren.

Triers Katholizität ist eine Katholizität nach allen Seiten, über die Mauern hinaus. Außerhalb der Porta Nigra liegen St. Maximin und St. Paulin, außerhalb der Porta Alba St. Karthaus und St. Matthias, Merians Stich von 1645 zeigt sie mitten in Äckern und Wiesen, von Bäumen umfriedet, vom Wein begrenzt. Das Grün ist hell und duftig, es könnte Ostern sein.

Wir lustwandeln vor den Toren. Die bronzene Schweineherde an der Pforte der Kreissparkasse gegenüber der Porta Nigra drängt in die Schalterhalle; wir drängen ins Freie, und schon am Ende der Petrusstraße, nach einer Rechtswendung, sehen wir St. Maximin vor uns liegen, die eigentümlich monströse Fassade eines Quaderbaus, von spärlichem Grün umringt, mit violetten und gelben Krokussen betupft, als seien Ostereier im Gras versteckt.

Aber das Gras ist schütter, ist schmutzig, Lehmflecken ersticken die Narben, ein halber Bauzaun sperrt das Rasenviereck nach der Straße hin ab. Der Kirchenbau der alten Reichsabtei, auf frühchristlichen Gräbern errichtet, 1674 völlig zerstört, dann in groteskem Stil wiederaufgebaut, ragt vor uns auf, ein zerfallender militärischer Zuchtpalast.

Sind nicht Otto Ubbelohdes düstere Innenhöfe zu Grimms Märchen Nachzeichnungen der Fassade von St. Maximin? Ist sie nicht die Vorderfront des Hauses, in dem der arme Müllersbursch verschwunden und als Korporal wieder herausgekommen ist, ein Drittel Kaserne, ein Drittel Turnhalle, ein Drittel Garnisonskirche, ein preußisches Allerlei des 19. Jahrhunderts?

Auf posthumer Gotik, auf hausbackenem Barock sitzen vier napoleonische Silberflammen, es sieht so aus, als blecke ein zahnloses Maul mit frisch eingesetzten Backenzähnen. St. Maximin ist ausgebeint, Tor- und Fensterhöhlungen gähnen, die Zwischendecke, die den hohen Raum einst in Klassenzimmer und Kasernenstuben teilte, ist abgetragen. Bald wird sie wieder eingezogen sein, zwei übereinander angeordnete Turnhallen der katholischen Konstantin-Hauptschule werden die hochgewölbte Halle aufs neue gliedern, vielleicht mit den Leichtmetall-Flammen eines neuen römisch-ägyptischen Empire.

Neben St. Maximin, an der Ecke Maximin-Thebäerstraße, ist die Schule für diese Turnhallen schon gebaut und bereits bezogen. Es ist ein Betonkasten mit angeschraubter künstlerischer Weißblechverkleidung, zartgrün gestrichen und mit Hunderten von Zahlen und Buchstaben bedeckt. Da gibt es Pfeile und Ringe, Wurzel- und Gleichheitszeichen, Signale und Signete des digitalen Zeitalters, aber auch Gräser und Blätter und die Signatur der Künstlerin: einen Elefanten namens Jutta mit einem Farbeimer im Rüssel.

War nicht einst die Thebäische Legion mit Elefanten über die Alpen gezogen, war nicht das Wasser der Mosel vom Blut eines versprengten Trupps rot gefärbt bis hinunter nach Neumagen? Den Mohren Mauritius, ihren Anführer, Schutzpatron der Infanterie, hat Grünewald als Heiligen gemalt, wie er sich im Gespräch mit dem heiligen Erasmus seines Glaubens vergewissert. Der weiße Kardinal steht da, ein phlegmatischer, ein erratischer Block in seiner gefestigten Katholizität, kein Gedanke, kein Gefühl zuckt in seiner Miene; der quecksilbrige Mohr aber spielt mit seinem Spielbein, seine Rechte, in gelbem Handschuh, formt eine runde Idee, sein Mund wölbt sich und radebrecht, die grüne Rüstung blitzt von Gold und thebäischer Zuversicht.

Nicht weit von St. Maximin entfernt, nur ein paar Schritte auf der Thebäerstraße, liegt St. Paulin, hier, in alten Gräbern und Krypten, ruhen die Knochen der frommen Legionäre, die Gebeine ihres Anführers Thyrsus, die Skelette der Magistratsbeamten, hier sind die Blutzeugen alle begraben, die der römische Präfekt Rictovarus hatte hinschlachten lassen, weil sie ihrem Glauben nicht abschwören wollten. Im 4. Jahrhundert hatte Bischof Felix auch den Leib des heiligen Paulinus, des verbannten Athanasianers, aus Phrygien nach Trier zurückholen lassen, um seine Reste den Resten der Märtyrer beizugeben.

Scholastische Fragen hatten die katholische Welt erschüttert. Ist Christus wesensgleich mit Gott, oder ist er aus dem Nichts erschaffen und von Gott an Sohnes Statt angenommen, weil er so sittsam und so gottähnlich ist? Athanasius, der Lehrer, und Arius, der Irrlehrer, hatten die Fragen gestellt, einfach und ohne katholizistische Absicherung, lange bevor Abälard die dialektische und Anselm die ontologische Methode entwickelt hatten. In Trier stand die Katholizität, obschon in mächtigen Gründen gemauert, schon im 1. Jahrhundert auf dem Spiel.

Bäume am Moselufer

Aber das düstere Gräberfeld, mit dem Blut der Märtyrer gedüngt, wandelte sich in schwellende Architektur. Aus den Resten der abgebrannten römischen Kirchenanlage wuchs eine romanische Basilika, aus den Trümmern der gesprengten Basilika das Filigran der Rokokokirche empor. Balthasar Neumanns Stein- und Stuckfiligran schwoll zu üppigen Rocaillen und Muschelwappen, zu prächtigen Pilastern und Kapitellen an; Ranken und Girlanden umschlingen einander, die Heiligenfiguren spreizen sich so geziert, als habe der Künstler den Stein mit der Hand geflochten. »C est une très belle église!« sagte Napoleon, als er am 6. Oktober 1804 die Kirche betrat, er lobte das Gelb, er pries das Bleu, er steckte die Finger seiner rechten Hand zwischen den zweiten und dritten Knopf seines Wamses und sagte: »Quelle élégance!« Ja, St. Paulin ist ein heiterer Ort.

Zu Dreikönig probte eine Knabengruppe das Ritual der Ministranten. Sie übte das Knien und das Kreuzschlagen, das Ja-Sagen und den Handschlag der Bereitschaft zum Meßdienst. Auf dem Adventskranz brannten noch vier gelbe Kerzen, violette Bänder und Schleifen hingen herab, der Kaplan führte die Knaben behutsam über die marmornen Stufen. Ein Junge hielt, an langer Stange, den Stern der Weisen hoch, er leuchtete glühend rot, von der Rückseite des Sterns her aus einer Taschenlampenbatterie gespeist. Oh, Gott war besonders eindrucksvoll aus der Maschine gestiegen, auch das Isolierband, mit dem die Batterie an die Stange geheftet war, strahlte das freudige Rot der Anbetung aus. Während der Kaplan auf dem roten Teppich kniete und nachahmenswerte Kreuze schlug, knufften sich hinter seinem Rücken zwei Knirpse, ein hagerer Trierer Rotschopf und ein brünetter thebäischer Nachfahr in gelben Gummistiefeln.

Jetzt ist Frühling, und aus dem Portal tritt eine Hochzeitsgesellschaft. Die goldenen Löwen auf dem Architrav stehen höher gereckt als sonst, sie halten das Schönbornsche Wappen mit besonderer Grazie, und ihre Mienen sind weniger verkniffen. Der Bräutigam, mit frisch gewaschenen Haaren, die im leichten Frühlingswind flattern, läßt seine Zähne auseinanderplatzen, die Braut, im langen weißen Kleid, schwenkt ihr gehäkeltes Taschentuchtäschchen, die Orgel dröhnt, die Vögel zwitschern, der beleibte Geistliche lächelt, obwohl er mehr Hände schütteln muß, als ihm lieb sein können.

Mitten in der Menge geht ein Mann mit einem Tulpenstock. Er trägt den verschnörkelten Emailletopf hoch über die Köpfe der Hochzeitsgäste hinausgehoben, sein weltliches Heiligtum triumphiert jetzt, auch er strahlt, er freut sich auf die Hochzeitstorte, die draußen ein Konditorjunge, mit hoher weißer Mütze, vorüberträgt. Die Mütze blitzt in der Sonne, eine Mitra der Gastronomie. Ja, die Theologie und die Gastronomie, auch sie reichen sich die Hände zu ihrem Trierer Bund.

Engel und Putten, Schnörkel und Schnecken, Muscheln und Blattwerk von St. Paulin wiederholen sich im Rokokoaufsatz der Torte, die Hochzeitsgesellschaft ist eine fröhliche anakreontische Schäferei. Draußen geht sie jetzt mit Hupen ab, »frisch und schön an Leib und Gliedern«, wie Mörike einen Vers des Anakreon übersetzt hat; das Brautpaar sitzt im roten VW, auch er ist frisch gewaschen, und auf der Motorhaube prangt ein dicker Blumenstrauß.

Am Ende der Thyrsusstraße liegt »Nells Ländchen«, ein englischer Garten mit steingefaßten Wasserläufen und Gänseblümchen im Gras, mit Rhododendronbüschen auf Inselchen, mit Pavillons und verwitterten Steinfiguren. Es war Nikolaus Nell, Sohn der alteingesessenen Ratsherren- und Kaufmannsfamilie, Stiftsherr von St. Paulin, der 1796 ein größeres Gelände zwischen Trier und Ruwer erwarb, einen Morast, den er in diesen Park ausbauen ließ:

der fromme Bursch aus dem Märchen, dem sich die Hütte in den Palast verwandelt.

Das Bild des Stiftsherrn hängt in Christoph von Nells Wohnstube im Weingut in Kasel; das Gemälde zeigt den runden Trierer Kopf und das weiße Bäffchen, aber da das Bild neben dem Fenster hängt, sieht man im Gegenlicht nur das Bäffchen und den Kopf, es ist ein guter apoplektischer Kopf, wie der Kopf des Hauptmanns Blifil aus Fieldings Roman »Tom Jones«, mit guten Zähnen und rauher Miene, und wenn es ihm paßte, auch mit Freundlichkeit und Lächeln. Doch auch wie Blifil hat der hypertonische Kanoniker sein sechzigstes Lebensjahr nicht erreicht.

Jetzt ist Vorfrühling, die Bäume in »Nells Ländchen« sind kahl und struppig, nur ein japanischer Kirschbaum blüht, und die Knospen der Kastanien sind zum Platzen dick. Das einzige Grün sind die grünen Köpfe der Erpel auf dem Teich und die winterharten Blätter von Buchs und Stechpalme in den Holzkübeln hinter den Glasscheiben der Pavillons. Noch sind Sommerstühle und Abfalltonnen aufeinandergestapelt, über die Rosen der steinernen Pomona und den Rücken des knienden Cingetorix ist ein Schleier aus Moos geworfen.

Hierher war Fanny Burney gekommen, die englische Erzählerin, sie logierte erst bei Nells in der Simeonstraße, dann bei französischen Emigranten in der Dietrichstraße, sie besuchte ihren Gatten, den französischen General d'Arblay, der in Trier von einer schweren Verwundung genas. »Gelegentlich spazierte ich zum Garten von Herrn Nell, wo Früchte, Blumen und Gemüse im Überfluß wuchsen«, schwärmt sie, und sie ruft aus: »Monceau und selbst Trianon sind gar nichts im Vergleich zu diesem herrlichen Garten! Wahrlich, er ist ein Paradies auf Erden!« Fanny bückt sich nach einem Gänseblümchen, sie streicht über den Schenkel der Pomona, sie zupft an der

St. Matthias

Seidenschleife ihres großen englischen Hutes und ruft: »It's beautiful, grand, romantic, varied, noble!« und die Katholizität hat auf einmal einen touch ins Englische bekommen.

Triers Katholizität ist eine dialektische Katholizität, es war Wilhelm Hausenstein, der Kunsthistoriker, der sie so gedeutet hat. So setzt er die Romanik des Doms gegen die Gotik von Liebfrauen und spricht vom vielgestaltigen Leben Triers, von nicht zu bereinigenden Gegensätzen, von der Gleichheit des Ungleichen, aber er bemerkt, daß es nichts Verstimmendes in dieser Verschiedenheit gebe, daß das immer neu gewendete Leben nicht mit der Einheit seines Wesens im Streit liege, daß es die Katholizität sei, in der diese Gleichheit des Ungleichen ruhe, und sie selbst ruhe in diesen mächtig gemauerten Gründen.

Wir lustwandeln vor den Toren. Aber jetzt ist es nicht mehr das Pflaster der nördlichen Vorstadt, über das wir schlendern, jetzt, andern Tags, haben wir die Stadt durchquert und treten, gegenüber den Kaiserthermen, zwischen Stadtbad und Polizeipräsidium, in die alten Viertel der Südstadt ein. Hier sieht Trier anders aus, hier hört es sich anders an, hier schmeckt es anders, hier riecht es anders. Hier fühlt sich jeder Stein anders an.

Die alten Steine in der Karthäuserstraße fühlen sich weich an, und hier riecht es süß. Aber es ist nicht der grüne und nicht der gelbe Likör und es sind auch nicht die Klöße der Karthäuser, die so duften, es ist die Kunstharzfarbe der Autolackiererei Lieser, es ist das Leder der Lederfabrik Rendenbach, es ist Fabers Sektmaische, oder ist es der Asphalt, mit dem die Straße an den Resten der alten Klostermauer geteert wird? Der Duft erinnert an einen Chartreuse, wahrhaftig, vielleicht hat ihn der heilige Bernhard auf der Straße verschüttet, als er mit Papst Eugen nach Trier kam, vielleicht ist ihm die Flasche aus der Kutte geglitten, und immer noch duftet es balsamisch, als regne es süß und versöhnlich vom Himmel auf Trier herab.

Die Kleingärten auf den alten Gräberfeldern sind von unten her gedüngt. Die Schrebergärtner vom Kleingärtnerverein »Tempelbezirk« haben frisch eingesät, auf Holzpflöckchen sitzen die leeren Samentüten, in den Frühbeeten sprießt Mausohrsalat, die Gartenpfade sind getreten, an einem Drahtzaun lehnen Gummischuhe und eine halbgefüllte Tüte mit Torfdünger. Forsythien und Osterglocken blühen gelb und erregen den Neid der roten Tulpen, die noch in ihre Deckblätter gehüllt und den begehrlichen Frühlingsblicken entrückt sind. Die Lattentore und Gartenlauben sind grellgelb, grellgrün, grellrot gestrichen, aus den Gärten recken die Obstbäume ihre Zweige wie kahle Stecken in die Luft.

Über den Dachfirsten der Häuser sind die harten Konturen der Ursulinenschule und der alten Brauerei Caspary in den Horizont gezogen. Heute sind es Bindings Römergäule, die das Pflaster des Brauereihofs und das Papier der Werbeplakate beleben, die blondgelockten Legionäre trinken Pils und räkeln sich erfrischt in ihren Panzerhemden. Stark rauscht der Altbach, der vor dem Brückchen in die breiten Rohre stürzt und unterirdisch die Mattheiser Vorstadt kreuzt. Wir steigen bergauf, die Hügel der südlichen Stadt sind keine Wein- und Klostergärten mehr wie zu Merians Zeiten, an steiler Straße drängen sich die Häuser, die Gärten sind klein und schmal geworden. Aber in den mächtig gemauerten Gründen regt sich noch immer die doppelsinnige Trierer Katholizität.

Heiligkreuz liegt in dörflicher Umgebung, auf erhöhtem Plätzchen, von einer schmalen Straße gesäumt, an der Blumen- und Tabakladen und die Apotheke »Heiligkreuz« nebeneinander liegen. Der Grundriß der Kapelle ist ein Kreuz, über dem sich ein zierliches Oktogon erhebt, die Außenpilaster sind ochsenzungenrot, die Fensterumrahmungen bananengelb angemalt, es könnte im Orient stehen, über Abels Grab oder über dem Tal im Eichgrund, wo David den Stein nach Goliath geschleudert hat. Auf dem Dreiecksgiebel über dem Portal hängt ein Glöckchen in freier Luft unter spitzem Türmchen, das in den Frühlingshimmel sticht. Ein niedriger Verbindungsgang führt zur modernistischen Gebetsmaschine aus Gußbeton und Sandstein. Jesus hängt zwar an einen Lebensbaum gekreuzigt, aber die Architektur ist kahl und glatt und kein warmer Hauch durchweht die Wand aus Alabaster. Am Ostersamstag werden Ostereier auf dem Kirchplatz verkauft, dann ist das erste Grün der Trauerweide etwas grüner geworden und verwandelt sie in einen Freudenbaum.

Auch St. Michael in Mariahof, ein Zwitter aus mexikanischer Pyramide und Indianerpueblo, rüstet für Ostern. Zwei Männer hängen die Bilder eines Kreuzwegs, den Kommunionkinder sich ausgedacht und gemalt haben. Die Kinder haben ihre Deck- und Fingerfarben mit kraftvollen Gesten in die Fläche gesetzt, sie haben sich nicht gescheut vor dem Tadel der Pharisäer, haben sich nicht gefürchtet vor der Rüge ihrer Väter. Die Bilder des Kreuzwegs, auf quadratischen Holzplatten, zeigen im unteren Drittel Fotomontagen von Jugendlichen, die das naive Pathos der Kinder auf dialektische Weise kommentieren. Die Entkleidung weist einen Christus vor, grobkantig wie aus Holz geschnitten, rosafarben wie aus Marzipan geknetet, darunter das Foto eines Pin-up-Girls, nur mit hochhackigen Pumps bekleidet, zusammenmontiert mit Fotos von Nackten und KZ-Häftlingen vor einer Entkleidungsbaracke.

An der gegenüberliegenden Wand des Kirchenraums sind die Glasfenster von Jakob Schwarzkopf zu sehen, Jesus und seine Jünger als Tatmenschen, mit schwellenden Brotkörben und gefüllten Weinkrügen; Schwarz-

In St. Matthias

kopfs vitaler Strich, seine kraftvolle Geste geben der Katholizität ihre weltlichen, ihre griechischen, ihre panischen Züge zurück, ein Hauch von Hesiod liegt über den Bildnissen, in ihnen spüren wir etwas vom Dahingehen der Zeitalter, wie dem seligen goldenen das gleißende silberne, dem fruchtbaren ehernen das gewalttätige eiserne folgte: Schwarzkopfs Brotkörbe und Weinkrüge, seine robusten Heiligen und die rüstigen Kreuzwegfiguren der Kommunionkinder entsprechen einander in Kraft und Pathos. Hajeks konstruktivistische Auslegung in Marmor, sein Kreuz, sein Altar, seine dazu passenden Hocker sind glatt und kahl und führen schnurstracks vom feurigen eisernen ins kalte mineralische Zeitalter hinüber.

Gut Mariahof, am vorderen Scheitel des Ovals der neuen Siedlung gelegen, ist noch ganz 18. und 19. Jahrhundert, mit grünen Läden und rotbraunen Fensterstürzen, alten Gußtafeln und Takenplatten. Ein Türsturz von 1844 zeigt das Wappen der Familie von Nell mit den Schwänen, ein Stein von 1870 die Gottesmutter mit dem Anker, über dem Toreingang steht: 1911, darüber erhebt sich eine Madonna im Elektroheiligenschein des neuen Zeitalters. In den Nischen und Stallungen des Guts sind Mercedesse geparkt, die hin und wieder unter den Glühbirnen hervorkommen und ihren Weg hinab nach St. Mattheis nehmen.

Am festesten gegründet ist St. Matthias, das auf den Gräbern des Eucharius, des Valerius und des Maternus so sicher ruht wie der Trierer Glaube auf der Lehre dieser ersten Trierer Glaubensboten. St. Matthias ruht in sich selbst, von unten her, bis zu den Schultern, keine Anfechtung martert sein Hirn, kein Teufel kann ihn beim Haarschopf fassen, denn eigentlich und aus der natürlichen Welt betrachtet hat er gar keinen Kopf mehr. Er, der biblische Ersatzmann für Judas Ischariot, durch das Los zum Apostel bestimmt, ist Trierer geworden wie die Trierer heilige Mattheise geworden sind und in sich selbst ruhen, auch wenn der Teufel auf Stelzen kommt. Helena, die Mutter Konstantins, hatte die Reliquien des Märtyrers von Rom nach Trier mitgebracht, im Arm trägt er das Beil, mit dem er enthauptet wurde, aber der Kopf sitzt noch immer obenauf. Er ist tatsächlich Trierer geworden, sein Tag ist der 24. Februar, und »nach Mattheis geht kein Fuchs übers Eis«.

Mit dem Beil im Arm ist er der Patron der Metzger, die nicht nur Schinken-, Schlack- und Schwartenwürste für Feinschmecker, sondern auch Fleischwurst am Ringel für Heißhungrige brühen. Weihbischof Schmidt schickte im Advent 1972 einen Weihnachtsbrief mit dem Madonnenbild aus der St. Matthiaskirche an Brüder und Schwestern in aller Welt. »Natürlich sind die Austritte zahlreicher als früher«, schrieb er, »aber die kleine Truppe ist mutig und entschlossen und hat – wie ausdrücklich versichert wird – einen ausgesprochenen Heißhunger nach Meditation.« Ein Missionar, nachdem er Brief und Bild erhalten hatte, schrieb daraufhin aus ferner Welt an einen Mitbruder: »Heute lege ich Ihnen zum vergnüglichen Lesen ein Schreiben bei, das Bischof Schmidt an alle Missionare aus der Diözese geschrieben hat, mitsamt dem Bild. Es ist eigentlich der ärmste Weihnachtsbrief, den ich erhalten habe ... Ich muß noch ein wenig über meine Predigt meditieren. Allerdings habe ich nicht einen ›wahren Heißhunger‹ nach Meditation.« Ihn treibt nämlich ein anderer Heißhunger, ein mattheisischer, ein körperhafter, ein Heißhunger nach der Lionerwurst aus dem »Gourmet« von der Simeonstraße vergleichbar, die nach Einverleibung, nach Mahl und Verwandlung verlangt.

Des Heiligen Basilika ist eine köstliche Baukastenkirche, mit neoromanischen, neogotischen, neoklassischen Teilen und einem Turmaufsatz, wie der Saarbrücker Hauptbahnhof zur wilhelminischen Zeit einen hatte. Im

Kopf setzen wir sie immer neu zusammen, und es kann gut sein, daß wir sie in Gottes persönliche Wohnstatt verwandeln. Es ist Ostersonntag, die Glocken gehen mit vollem Geläut. Es regnet. Durch das Eingangstor, von der Straße her, strömt jetzt die festliche Ostergemeinde, Männer in schwarzen Anzügen, mit dem Goldschnittgesangbuch unter dem Arm, Frauen in modischen Frühjahrsmänteln, mit aufgespannten Regenschirmen in der Hand. Paare, Arm in Arm, zwei junge Männer, in leisem Gespräch, treten auf die Schwelle, die Frauen schütteln ihre Schirme ab, die Männer werfen ihre Zigarettenkippen auf den Boden, und nacheinander treten sie in den Kirchenraum.

Die Orgel rauscht auf, der Goldschnitt blitzt in den Reihen, die Mäntel dampfen vom österlichen Regen. Der Konvent der Benediktinerabtei, in Weihrauch gehüllt, zieht durch das Mittelschiff ein, ein großer, schwerer geistlicher Herr läßt seinen prächtigen Bariton hören, und dann erfüllt das Halleluja den weiten Raum. Der Abt bittet für alle, im Geist wiederauferstehen zu dürfen, der Kantor dirigiert die Antwort der Gemeinde mit feierlicher Geste.

Die Säumigen fassen flüchtiger in den Weihwasserkessel, eine Dame auf Pfennigabsätzen, die mit hartem Nachhall auf dem Marmor klappern, erregt größere Aufmerksamkeit als der Abt in seinem weißen, längsgestreiften Meßgewand. Aber Weihe und Wandlung bleiben unberührt von weltlicher Geschäftigkeit, sie sind vom Gebet um Vergebung durchwoben, und selbst draußen vor dem Portal, im Schaufenster der Devotionalienhandlung, spricht eine Postkarte die christliche Demut aus. Auf blauem Grund, mit rotem Vorder- und weißem Nachsatz, ist auf der Karte zu lesen: »Jesus hat seinen Nächsten die Füße gewaschen, nicht den Kopf.«

Es ist Ostersonntag, gestern abend war Pasolinis Film

»Das erste Evangelium Matthäus« im Fernsehprogramm von S 3 zu sehen, und Herbert Achternbuschs Film »Das Gespenst« wird in den Kinos anlaufen. Da gehen die Christusse über die Leinwand, streng und asketisch, Enrique Irazoqui, ein marxistischer Heiliger, Herbert Achternbusch, ein Karl Valentin. Für heute und morgen abend, Ostersonntag und Ostermontag 19.30 Uhr, zum Eintritt für 1,50 DM, empfiehlt ein Plakat der Württembergischen Versicherungen einen Disco-Besuch im St. Mattheiser Nikolaus-Keller. »Versichern – vorsorgen – bausparen« ist auf dem Plakat zu lesen, aber das ist ja nicht nur der Trierer, das ist der allgemein menschlichen Beschaffenheit zugedacht.

Wir lustwandeln vor den Toren Triers, es ist Ostern, und Triers Katholizität dringt auferstehend in allerfeinste Extremitäten vor, in Köpfe und Knospen, bis in die spitzen Spitzen der Türme. Aber auch im Innern der Stadt, dort wo es ganz weltlich, ja eher noch heidnisch zugeht, nehmen selbst steinerne Figuren die Züge des apostolischen Geistes an. Im Palastgarten weht der Wind im Barte des Zeus, und über Apollos Leier streicht sanft der Zephyr. Pallas Athene trägt das Haupt der Medusa in ihrem Schild, und Aphrodite wiegt den reifen Granatapfel in der Hand. Wir sehen Poseidon, wie er seinen Fuß auf den Kopf des Delphins setzt und Kronos, just in dem Augenblick, in dem er den ungebärdigen Hades verschlingt. Was wäre Ares ohne sein Schwert, Merkur ohne seine Flügelhaube? Ja, da stehen sie alle beisammen, ein Götterhimmel voller stockfleckiger Figuren, und alle schauen sie aus ihrem Sandsteinauge auf die Passanten aus Mönchengladbach und Botswana.

Da stehen sie, die Götter der Römer, breitbeinig und barock, in barocken Gewändern mit barockem Faltenwurf, und sind alle katholisch geworden.

Wenn die Rebe empfinden könnte

Schulweg mit Karl Marx

Von der Römerbrücke führt eine Straße stadteinwärts, die zweimal einen leichten Knick nach links macht.

Aber es sind nicht die Linksknicke, die diese Straße so beachtenswert erscheinen lassen, oder genauer gesagt, sind es nicht diese Linksknicke allein. Das Erwähnenswerte ist ein Haus, das in dieser Straße liegt, auf der linken Seite. Was die Linksknicke anlangt, sind es genaugenommen nicht nur zwei, sondern vier, wenn nicht fünf Linksknicke, die den Verlauf dieser Straße prägen, bis sie, an der rechten Seite der Porta Nigra, einen ganz entschiedenen Rechtshaken schlägt und für unsere Betrachtung nicht mehr weiter interessant ist.

Wir verlassen also die Römerbrücke und gehen schnurstracks auf diese Straße zu. Vom ersten Linksknick an, nach der Römerbrücke, heißt die Straße Karl-Marx-Straße, nach dem zweiten Knick Brückenstraße, nach dem dritten Fleischstraße, nach dem vierten Hauptmarkt und nach dem fünften Simeonstraße: es ist also, obgleich sie eine Diagonale durch das klassischquadratische Trier beschreibt, nicht eine einzige Straße, sondern eine Straßenfolge über die Öffnung eines Platzes hinweg, und sie symbolisiert geradezu einen Zirkelschlag, eine Vor- und Rückwendung, eine idealistische Zusammenschau, die von der Abstraktion eines Namens wiederum ins namentlich Abstrakte reicht.

Es ist eine Diagonale, nicht eben die geradeste, aber durch ihre Linksknicke die zielstrebige Linie, die zwei nicht benachbarte Ecken miteinander verbindet, den heiligen Simeon und Karl Marx. Simeon, ein Grieche aus Syrakus, ließ sich, der gesellschaftlichen Verhältnisse wegen, am Ende seines Lebens sieben Jahre lang in einer Zelle der Porta Nigra einmauern, und Karl Marx, von Geburt an eingemauert in den Verhältnissen der Gesellschaft, überschritt, wie er selbst sagt, die Grenzmarken, die ihm im Weg standen. Beide flohen in die schlaflose Nacht des Exils, Simeon kam nach Trier, Karl Marx verließ es.

Wir aber, auf dem Weg durch die Karl-Marx-Straße zu dem erwähnten Haus in dieser linksgeknickten Straßenfolge, tappen am hellichten Tag in einem metaphorischen Dunkel. In dem Augenblick nämlich, in dem, nach dem nächsten Linksknick hinter der Brücke, das Haus in Sicht kommt, ändert die Straße ihren Namen. Jetzt heißt sie nicht mehr Karl-Marx-Straße, jetzt heißt sie Brückenstraße. Wo es, vor dem entscheidenden Knick, einsichtig wäre, die Straße zwischen der Brücke und dem Knick Brückenstraße und die Straße zwischen diesem und dem nächsten Knick Karl-Marx-Straße zu nennen, gefiel es den Trierern, auf eine vertrackte Weise Versteck zu spielen.

Das Haus nach dem Knick ist das Geburtshaus von Karl Marx, es liegt in der Brückenstraße; die Häuser vor dem Knick sind alle der Brücke zugekehrt, sie liegen in der Karl-Marx-Straße. Ist das nicht eine feine Trierer Spezialität, diese sanfte Rechtsdehnung der Linksknickigkeit? Aus den Augen, aus dem Sinn?

Der hellichte Tag ist ein heißer Sommertag und wir, »kühn gehüllt in weiten Glutgewanden«, wie Karl Marx in einem Sonett an seine Braut Jenny von Westphalen sagt, folgen ihm in der Mittagshitze auf dem Weg von der

Brücke zu seinem Geburtshaus. Niemand kann sagen, wie Marx diesen Weg beschrieben hätte, wäre er selbst in die Lage gekommen, ihn beschreiben müssend zu beschreiten, wir jedenfalls gehen mit ihm, Hand in Hand, und ohne ihn auch nur einen Moment aus den Augen und dem Sinn zu verlieren.

Es ist Mittag, zwischen dänischen Möbeln rechterhand und gesamteuropäischen Möbeln linkerhand treten wir in die Straße ein, in der uns auf der einen Seite ein Hundesalon und eine Töpferwerkstatt, auf der anderen ein Fitnesscenter und ein Wäscheshop ins Auge fallen. Das Möbelhaus entpuppt sich als Beerdigungsinstitut und der Wäscheshop als ein Laden für Sexartikel, und im Nu sind wir von lauter Bars umringt, von Moulin Rouge und Pigalle, von Belami und Mon Cheri, ein Hauch von Paris weht herüber, ein sanfter Wind der Liberté.

Die Apotheke heißt Marien-Apotheke, die Obenohne-Bar heißt Hafenmelodie, sie bleiben im Vaterland, ja, sie sind ganz dem heimischen Weltbild zugekehrt, der Apotheker hinter dem Ladentisch erinnert an den konstantinischen Reiter in den Weinbergen, die Nixe auf dem Reklameschild der Bar zeigt ihr rundes moselanisches Gesicht, und auch die Barfrau hinter der Gardine lächelt trierisch wie ein Honigkuchenpferd. Der Pudelsalon, ein Tierpalast wie aus dem Märchen, mit drei schmiedeeisernen Balkonen übereinander, könnte in New Orleans stehen, das »Mercedes«-Haus dagegen, dem Namen nach erlesen mexikanisch, ist ganz deutsch gebaut, kahl und praktisch. Wer weiß, woher die Rechtsknickigkeit kommt bei Mercedes, im Handelshof jedenfalls funktionieren die Pfeffermühlen nur linksherum.

Gleich um die Ecke hinter dem Knick, ebenerdig, mit Schaufenstern beiderseits der Tür, residiert der rcds, der Ring Christlich Demokratischer Studenten. Hier gibt es, laut Fensterwerbung, Studienberatung und Zimmervermietung, Politische Schriften und ’ne Menge nette Leute. Literatur und nette Leute brauchen nicht zu dürsten, so nahe bei Karl Marx ist es nur noch einen Schritt zu weiteren Strips und Sexfilmen in den Romantika-Club, schnurstracks und nonstop.

Eben biegen drei Suzukipaare aus Berlin in die Straße ein, alle in schwarzen Lederjacken und roten Helmen, Ritter der Tafelrunde mit ihren gepanzerten Schönen der Nacht. Aus dem Seitenwagen steigt eine schwarzköpfige Kundry mit Gürtel aus Schlangenhaut, sie tritt vor die ausgehängte Getränkekarte und sagt: »Is echt zu teuer. Sechs Mark ein Bier, in Berlin nur fünf.« Die Paladine, mit schwebenden Tauben auf dem Wams wie Gralsritter aus »Parsifal«, starten ihre schweren Maschinen, und urplötzlich, von links nach rechts, im Uhrzeigersinn, setzt sich ein Transmissionsmechanismus aus Schwungrädern, Zahnrädern, Kreiselrädern, aus Treibwellen, aus Ketten, aus Riemen in Gang und verwandelt den perpendikularen Ausstoß in optimistische Rotation. Den Gralsrittern, dank fruchtbringender Metamorphose des Materiellen, braust es gleichzeitig zwischen den Beinen und im Hirn. »Auch bei mir ist das Ideelle nichts anderes als das im Menschenkopf umgesetzte und übersetzte Materielle«, sagt Karl Marx und bestätigt freimütig die Optik seines Bewegungsgesetzes.

Nun ist die Linksknickigkeit dieser Straßenfolge ja nur eine sehr zarte Andeutung dieses Gesetzes, das andererseits eine ganze Welt in Atem hält. Aber Linksknicke sind etwas Beunruhigendes, besonders in Trier, und von allen Linksknicken am beunruhigendsten ist der Linksknick, der die Karl-Marx-Straße von der Brückenstraße trennt. Dieser mit dem bloßen Auge kaum wahrnehmbare Knick brauchte die Welt nicht weiter zu beschäftigen, wenn es nicht auch ein Knick in der Optik, ein Interpretationshinweis, ein Rat zur Deutung wäre. Was hat den Trierer

In der Brückenstraße

Stadtrat im Jahre 1947 bewogen, den größten Teil der Brückenstraße in Karl-Marx-Straße umzubenennen, und zwar den Teil, in dem das Geburtshaus von Karl Marx nicht liegt? Heilige transistorische Verdrängungslust der Trierer, du schöner trügerischer Schein!

Das Geburtshaus von Karl Marx in der Brückenstraße ist ein schönes Trierer Barockhaus, vor 250 Jahren gebaut, mit je zwei gegitterten Fenstern beiderseits der Eingangspforte, mit fünf Fenstern im ersten und je drei Mansardenfenstern im einwärtsgeknickten Mansarden- und Dachgeschoß. Es ist ein maßvolles symmetrisches Gebäude, das nach links hält, was es von rechts verspricht. Der Vater von Karl Marx, der Advokatanwalt Heinrich Marx, mietete es am 1. April 1818, die Sozialdemokratische Partei Deutschlands kaufte es im Jahre 1928 für 93 739 Goldmark, Willy Brandt übergab es am 5. Mai 1968 der Friedrich-Ebert-Stiftung zur Betreuung.

Im ersten Zimmer, gleich rechts neben dem Eingang, sitzt der Pförtner. Gravitätisch sitzt er neben der Photokopiermaschine von Rank Xerox, umsichtig betätigt er die empfindliche Apparatur, sorgt für die Vervielfältigung der Nachrichten, für den Durchschlag der Gedanken, ein Kolporteur von Info und Idee, Hermes mit der hektographierten Heroldsrolle. Er sieht uns über die Schwelle treten, rückt an seiner Brille, räuspert sich energisch und fragt: »Wünschen Sie den Führer auf deutsch, auf englisch, auf französisch, auf spanisch, auf russisch oder auf chinesisch?«

In allen Sprachen bietet er Bücher und Botschaften an, Poster und Postkarten, Register und Reprints, für Großbürger und Kleinbürger, für Facharbeiter und Hilfsarbeiter, für Beamte und Angestellte, für Städter, Dörfler, Soldaten, Intellektuelle, Polizisten, Politiker, Proletarier aller Länder von Lappland bis Botswana. »Wir bitten Sie, sich am Schluß Ihres Rundgangs in das Gästebuch einzutragen«, sagt er, und wieder rückt er die Brille, als litte er unter einem Brechungsfehler des Auges, einer axialen Linkskrümmung der Pupille, die ihm unausgesetzt die Photokopiermaschine ins Blickfeld bringt.

So symmetrisch sich dem Betrachter das Rechteck der Hausfassade zeigt, so ungleichmäßig gewinkelt ist das Viereck des Grundrisses, es ist linksgeknickt. Karl Marx ist nicht nur in einer linksgeknickten Straße, sondern in einem linksgeknickten Haus, ja in einem linksgeknickten Zimmer geboren. Wenn die beidseitig angrenzenden Hausgiebel annähernd parallel wären, könnte man sagen: Karl Marx ist in einem linksgeknickten Parallelogramm geboren, einem Trapez, das vor allem in der Hochseilakrobatik von Bedeutung ist, als Schaukelreck. Die Ausstellungsstücke der beiden unteren Räume, der früheren Wohnküche und des Anwaltsbüros von Karls Vater Heinrich, sind Dokumente der frühen Trierer Jahre, sie belegen das eine und belegen das andere, das freudige Eingebettetsein in die Sicherheit der protestantischen Kirche und das Aufbegehren der ersten deutschen Sozialreformer. Einer von ihnen, der Trierer Ludwig Gall, sagt: »Was könnte helfen? Immerwährende Getraidelagerung, um jeder Noth des Mangels und des Ueberflusses auf immer zu begegnen, und Credit-Scheine, durch die Getraidevorräthe verbürgt, um der Alleinherrschaft des Geldes ein Ende zu machen.« Jenny von Westphalens Konfirmationsspruch, ein Wort des Paulus an die Galater, sagt: »Ich lebe, aber doch nun nicht ich, sondern Christus lebt in mir«, und noch scheint es also unentschieden, wohin das Lebenspendel ausschlagen würde.

Ein Foto zeigt die Dreifaltigkeitskirche, in der Karl Marx konfirmiert wurde, da liegen, im Obergeschoß, die Ahnentafeln und erzählen von einem Josef Ben Gerson Cohen, einem Meir Ben Isak Katzenellenbogen, einem Moses Lwow, einem Moses Jacob Löwenstamm aus Padua und Brest-Litowsk, aus Krakau und Amsterdam, da liegen Geburts- und Todesurkunde von Frederick Demuth, dem Sohn von Karl Marx und seiner Haushälterin sowie die Todesurkunde dieses Lenchen Demuth aus St. Wendel. Da liegen in den Vitrinen die Urkunden, Faksimiles, Briefe, Bücher, Fotos der Sozialreformer und Philosophen, und da liegt auch die »Handschriftliche Gedichtsammlung von Karl Marx für seine Verlobte Jenny von Westphalen«, in der es heißt:

Kühn gehüllt in weiten Glutgewanden,
Lichtverklärt das stolzgehob'ne Herz,
Herrschend losgesagt von Zwang und Banden,
Tret ich festen Schritt's durch weite Räume,
Schmett're vor Dein Antlitz hin den Schmerz,
Und zum Lebensbaum entsprühn die Träume!

Ja, der junge Marx ist zu allem entschlossen, es sprüht sein Kopf, es schlägt sein Hirn die Funken, die später den ganzen Erdkreis illuminieren werden. Dieser Kopf ist in Bronze gegossen und im Nebenzimmer die ganze Figur, wie sie bei Friedrich Engels steht, dem Freund und Helfer, der ihm Geld, Gedanken und hin und wieder eine Flasche Wein zugesteckt hat in den späteren Notzeiten. Da stehen die beiden, im schlichten Mantel, Engels hält die Hände hinter den Rücken, Marx die Rechte im Mantelaufschlag, die Linke ist geöffnet, jemand hat ein Pfennigstück in die Hand gelegt, vielleicht war es Engels, vielleicht ein anderer Spaßvogel.

Wir lesen das Programm zu der am 6. Mai 1947 um 19 Uhr im kleinen Treviris-Saal stattgefundenen Karl-Marx-Feier der Sozialdemokratischen Partei Deutschlands, Ortsverein Trier, in der es eine Festouvertüre von Lortzing, einen Prolog von Herrn Weiland, vorgetragen von Genosse Erkel, eine Ansprache des Genossen Bür-

Häuser neben dem Handelshof

germeister Loosen über das Thema »Karl Marx und unsere Zeit« gab, Beethovens Egmont-Ouvertüre erklang und aus dem »Evangelimann« die Arie »Selig sind, die Verfolgung leiden«. Aber so triumphierend auch der Triumphmarsch aus »Aida« geklungen haben mag, so deprimierend sind die Absagebriefe der Genossen für die Wiedereröffnungsfeier des Hauses 1947.

Es entschuldigten sich Paul Blau aus Österreich, Denis Healey aus England, Kaj Björk aus Schweden, Jules Humbert-Droz aus der Schweiz, Leon Blum war »fatigué«, womöglich hatte er gerade eine »crise de foie«, Léopold Sédar Senghor schickte 1000 Francs, der Coupon ist ausgestellt in der Rue Lamblardie, Paris, 12. Arrondissement. O weh, o weh, wie sind die Genossen säumig gewesen, wohl waren ihre Köpfe geharkt, ihre Hirne gefurcht, ihre grauen Zellen mit den neuen Ideen eingesät, aber wie wenig haben sie sich um den Gärtner gekümmert, um den sie sich hätten scharen und ihre stille Solidarität beweisen können. Sagt nicht Marx in seinem Religionsaufsatz zum Abitur: »Wenn die Rebe empfinden könnte, wie würde sie freudig auf den Gärtner blicken, der ihrer wartet, der sie ängstlich von Unkraut reinigt und sie fest an den Weinstock knüpft, aus dem sie Nahrung und Säfte zu schöneren Blüthen zieht.«

Wir blinzeln mit den Augen, wir halten uns an das Genrebild, wir vertrauen der günstigen Stunde. Wir schauen auf den Laubengang und in den Innenhof, das Fachwerk leuchtet biedermeiern, die Geranien blühen in lockerer Erde, ein Spinnennetz zeichnet sich gegen das Sonnenlicht ab wie eine Brüsseler Spitze. Von der Straße her zeigt sich, mit klassizistischen Amphoren und Steingirlanden, die Fassade des »Bayernstad'l«, in dem die Steel-Boys ein Sondergastspiel geben. Ja, die stählernen Jungs, es schwirren ihre Saiten, es dröhnt aus ihren Verstärkern, es stellen sich die Haare zu Berg in ihren Irokesenfrisuren, auch ihre grauen Zellen sind mit Ideen und Illusionen zugepflanzt.

»Hair fashion« ist im Fenster des Friseurladens, »Let's go West« im Fenster des Zigarettengeschäfts zu lesen. Wir wenden uns nach links, im Sanitätshaus Kersting gibt es Riversa-Rückenstützbänder mit Federpelotten gegen Kreuzschmerzen, Orthoform, das orthopädische Kopfkissen und synthetische Arm- und Beinprothesen zu kaufen, die Utensilien des aufrechten Ganges. Zwei Frauen gehen vorüber, eine Halbwüchsige in Jeans und ihre Mutter in gelbem Hosenanzug. Die junge Mutter schiebt einen Kinderwagen, die Oma trägt das Baby auf dem Arm, im Kinderwagen räkelt sich ein violetter Pudel. Die Frauen unterhalten sich über Schuhe, die sie gekauft haben und die nicht passen. Wir gehen weiter und bleiben linksgeknickt.

Der aufrechte Gang belebt die Fußgängerzone in der Fleischstraße. Eine Gruppe von Japanern begibt sich in die orthopädische Fußpflege, lächelnd und diszipliniert, ein Herr in hellbeigem Anzug vertritt sich die Beine, mit einem Fischbrötchen in der Hand, eine Dame mit breitkrempigem Sommerhut steigt in den ersten Stock von Witt Weiden, zu Sauna und Massage, zur medizinischen Fußbehandlung, unter Fangopackungen und Sonnenfluter, in die zarten und doch so zupackenden Hände der modernen Physiotherapie.

Im roten englischen Telefonshäuschen vor dem Palast der Oberpostdirektion steht ein kleines Mädchen mit Schleife im Haar, barfuß und hochgeschürzt. Sie braucht keine Schuhe und keine Hosen, sie hüpft über das Pflaster der Straße und badet die Füße im Wasser des Georgsbrunnen. Zum Nutzen der Trierer, sagt die Inschrift, soll das Wasser das ganze Jahr hindurch fließen, und so fließt es, unbesorgt und munter, nur der heilige Georg, der kein Heiliger mehr sein darf, schaut ganz mürrisch drein und steht oben auf dem Obelisken wie ein geschmähter Säulenheiliger. Er hat sein Standbein in das Postament gerammt, und wenn der Drache nicht vor seinen Beinen läge, sähe man, daß das linke geknickt und sein Spielbein ist.

Ja, das Sonderbare an dieser trierischen Linksknickigkeit ist, daß die Knicke alle leicht nach rechts auszufallen scheinen, am Ende aber doch nach der anderen Seite gehen und diese deutliche Linksgeknicktheit aufweisen. Nach dem Knick beim Hauptmarkt in die Simeonstraße kommt die Porta Nigra in Sicht, links das Stift und gegenüber, schmal und unauffällig, das Haus des Optikers Mahr. Hier hat die Familie Marx von 1819 bis 1835 gewohnt, von Karls erstem Lebensjahr bis zu seinem Abitur, und tagtäglich wandte er sich, sanft geschwungen, linksgeknickt, die Simeonstraße aufwärts, über Hauptmarkt und Brotstraße zum Friedrich-Wilhelm-Gymnasium im alten Jesuitenstift.

Im Schaufenster des Optikers residieren die Apparaturen der geschärften Sinnesorgane, sie herrschen jahraus, jahrein, sie wechseln ihre Plätze nur ungern und nur dann, wenn die Moden wechseln und das Know-how sich ändert. Momentan herrscht Persecon, die permeable Kontaktlinse, und der Alltotal-Set, das komplette Pflegesystem für alle harten Linsen. Aber das Sehen ist ums Hören bereichert, die Botschaften dringen nicht nur von Mattscheiben, sondern auch aus Stereoboxen, und Optiker Mahr rät den sorglos flanierenden Zeitgenossen: »Hörvermögen ist gut – Kontrolle ist besser!« Hammer und Amboß, Steigbügel und Schnecke, Trompete und Trommelfell greifen ineinander und loten die wetterwendischen Botschaften aus. Da liegen Ferngläser und Feldstecher, Thermo-, Baro-, Hygrometer, ganze kombinierte Wetterstationen, die den Luftdruck anzeigen und ausplaudern, woher der Wind weht, der Leib und Geist bedroht.

In der Karl-Marx-Straße

Da verklären sich die Gesichter aller Chinesen, sie rücken an ihren Brillen, streichen sich durch die Bürstenhaare, reiben sich den Bauch, ja, hat nicht schon der junge Marx in einem Gedicht geraten, der Mensch möge sich, ums lange treiben zu können, den Unterleib einreiben, »sodaß kein Zug, kein Wind/ den Durchgang zu ihm findt!« Auf den Betonplatten vor der Porta Nigra rauscht es auf wie Beifallsklatschen von tausend Händen. Junge Mädchen brausen in Rollschuhen vorüber, sie tragen winzige Kassettenrecorder in ihren Jeanshosen und Ohrwürmer in den Ohren und lauschen einer imaginären Musik.

Gegenüber dem Marxschen Wohnhaus, auf der Hausfront des Simeonstiftes, leuchtet das Informations-i des Verkehrsamts. Im Brunnenhof ist Gitarrenkonzert, die Hi-fi-Verstärker stehen vor den steinernen Heiligenfiguren, unter den Sonnenschirmen, bei Café Sorbet und Brunnenhofbecher, sitzen die Stadttouristen in Hemdsärmeln, mit Krawattenknoten auf der Brust, mit Knotenstöcken auf den Knien. Die Speisenkarte ist eine deutsche Speisenkarte mit Jägern und Zigeunern, aber auch mit einer römischen Salatschüssel »Cäsare«. In einem Beet blühen Fuchsien und Gardenien, schon gilbt der Efeu, die Linde hat längst ausgeduftet. Es heulen die Gitarren auf, die jungen Mädchen haben ihre Rollschuhe abgeschnallt und die Ohrwürmer aus ihren Ohren genommen. Die Gitarrenmusik klingt griechisch und nach einem Film mit Anthony Quinn und der griechischen Kultusministerin. Ein Schweizer Kind legt seinen Eislöffel beiseite und hält sich die Ohren zu.

Das Alte ist mit dem Neuen, das Vergangene mit dem Zukünftigen verbunden, wo einst der heilige Einsiedler saß, sitzen heute Touristenmassen, wo einfältiger Glaube gedieh, gedeiht gesalzener Geist. Aber es sind nicht die Herren mit den gelockerten Krawattenknoten und den Stocknägeln auf ihren Spazierstöcken, denen das Salz in den Hirnen sprüht, es sind zarte, unscheinbare Jünglinge mit Büchern, Mädchen mit Postern unter dem Arm, die die Treppe hinaufsteigen und ihre Ohren nicht mit Ohrwürmern verstopft haben.

Die mittelalterliche Stifts- und Klosteranlage mit Kreuzgang im Obergeschoß aus dem 11. Jahrhundert beherbergt das Städtische Museum, in dem Joseph Beuys und seine Schüler vor wenigen Jahren unantastbare Wände eingerissen, ehrwürdige Türen zugemauert, heilige Röckchen genäht haben. Was aber bleibt? Was vergeht? Was bewegt die menschliche Natur nach all den Jahrtausenden? Ein junger Weimarianer sagt in Egon Günthers Weimarfilm, Weimar habe sich Goethe und Schiller ins Knopfloch gesteckt. Hat Trier sich die Griechen und die Römer ins Knopfloch gesteckt?

Der Brunnen sprudelt wild, die Burschen auf dem Beckenrand streichen durch ihre Haare und strecken ihre Füße auf dem gußeisernen Kanaldeckel aus, auf Petrus, des heiligen Stadtpatrons, Nacken, als sei er der Freitag einer modernen Robinsongeschichte.

Durch die Simeonstraße folgen wir Karl Marx auf seinem Schulweg. Das Dreikönigenhaus, gelb und rot und mit Rauten und Quadraten gemustert wie ein gotisches Gastgeschenk für Scheherazade, beherbergt ebenerdig, unter blauer Markise, das Café Bley. Im Schaufenster liegen Wachsmodelle nach Holzformen des 18. Jahrhunderts: die Hochzeitskutsche und die Weinlese, die Hausmusik und Jesu Kreuzigung für Backwerk in Lebkuchen, Tragant und Marzipan. Die Verzierungen auf den Schachteln der Mozartkugeln, die Sahnestriezel auf dem Eis und die orientalischen Tortendekorationen wiederholen sich in den Ornamenten der Hauswand.

Der Trierer »Büchermarkt« hat auf der Straße dekoriert. »Die Frauen von Dallas« liegen in den Wühlkästen: Miss Ellie im Schneiderkostüm, Pam im Badedreß, Sue

Ellen im weitgeschnittenen Trägerkleid. Aber auch Jogg im durchlöcherten Texashut ist zu sehen, wie er mit J. R. die kapitalistischen Finessen ausheckt, den Mehrwert errechnet, die Preise diktiert, den Markt beherrscht. »O, die Bourgeoisie!« ruft Marx im »Kommunistischen Manifest« aus, »sie zwingt alle Nationen, die Produktionsweise der Bourgeoisie sich anzueignen, wenn sie nicht zugrunde gehen wollen; sie zwingt sie, die sogenannte Zivilisation bei sich selbst einzuführen, d. h. Bourgeoisie zu werden. Mit einem Wort, sie schafft sich eine Welt nach ihrem eigenen Bilde.« Dazu gibt es »Die französische Küche« und den »Großen Kulturfahrplan«, damit jedermann sehen kann, wo's lang geht, auch in Trier.

Wir überqueren den Hauptmarkt, und am Pranger vorbei treten wir in die Brotstraße ein. Unter dem Pranger sitzen zwei Gitarrenspieler, der eine blond und mit Brille, der andere bürstenhaarig und in weißer Schürzenhose. Oben im Wappen thront Petrus mit seinem Schlüssel, unten auf der Straße steht der offene Gitarrenkasten. Sie spielen und singen, alte und junge Leute stehen im Kreis um sie herum und sagen: »Ach, sind die gut.« Vor dem »Saint Jeans« ist eine Super-Röhre für 69 Mark ausgestellt, eine Reliquie für Hosenfans.

Hettlage hat seinen Heiligen an die Ecke Brotstraße/Johann-Philipp-Straße gestellt. Er steht, an der »Blauen Hand«, Johannes dem Täufer gegenüber. Beide sind auf ein Podest getreten, Philippus mit Kreuz und Bibel in der Hand, in geblähtem Faltenwurf, Johannes mit einem Lämmchen zu Füßen, das einem Pudel gleicht. Mit kopierten barocken Resten flehen die Konzerne um Vergebung, daß ihnen die Substanz unter die Verkleidung geraten ist. Aus der Hosentasche flattert ein grasgrünes Blatt, es wirbt für »Downtown, Triers einzige Tages-Diskothek«. Ein Hase, mit breitrandiger Sonnenbrille und Gitarre, unter prallbehangenen Kokospalmen, bläht

Im Hof des Karl-Marx-Hauses

eine Sprechblase: »Hey, Disco-Freaks . . .!« und preist heiße Rhythmen und kühle Getränke an.

Es ist fünf Uhr am Nachmittag, wir sind angelangt. Hinter den Kinos, in denen diesmal »Mrs. Brisby«, »Die letzte amerikanische Jungfrau« und »Die gequälten Frauen« über die Leinwand flimmern, machen wir noch einen letzten Linksknick, dann stehen wir, links flankiert von der Dreifaltigkeitskirche, vor dem Gebäude des Friedrich-Wilhelm-Gymnasiums, und Karl Marx, Hand in Hand in unserer Mitte, läßt nicht locker. Das Haus, aus Steinen der Barbarathermen gebaut, bis 1773 Jesuitenkolleg, bis 1798 Universität, bis in die Mitte des 20. Jahrhunderts Friedrich-Wilhelm-Gymnasium, heute Theologische Fakultät, bildet ein Hufeisen, das sich um einen anmutigen Platz legt.

Vor dem barocken Votivaltar, in der Mitte des Platzes, stehen zwei Chinesen. Haben auch sie, artig und linksgeknickt, diesen Schulweg beschrieben, der einer Gabel gleicht, mehr der Gabelung eines Weinschößlings als einer Gabel zum Essen oder einer Mistgabel? Wieder rücken sie an ihren Brillen, streichen sich durch die Haare, blättern im Stadtplan. Sind sie etwa am falschen Ende der Gabel angelangt? Haben sie diese auswärts geknickte Gabel mißgedeutet, den Genius loci falsch ausgelegt? Ein Trierer im Strohhut kommt vorbei und fragt: »Wat suchen die Herren?« Sie müßten ganz rasch zum Karl-Marx-Haus, sagen die Chinesen, aber ganz rasch. »Macht nur langsam«, sagt der Trierer, »der Mann is schon lang tot.«

Wir aber lassen noch nicht los. Wir sitzen mit ihm in der Gabelung des Rebstocks, wir erwarten den Winzer, wir wollen die Linksgeknicktheit enträtseln. »Aber nicht nur zu dem Weingärtner würde die Rebe emporschauen, wenn sie empfinden könnte«, meint Marx in seinem Religionsaufsatz, und er meint Christus mit dem Gärtner, »sie würde sich innig an den Stock anschmiegen, sie würde sich mit ihm und den Reben, die an ihm emporgeschossen, aufs genaueste verbunden fühlen; sie würde schon die anderen Reben lieben, weil ein Gärtner sie besorgt, ein Stamm ihnen Kraft leiht.« Die Trierer haben Kraft geschöpft, sie haben prosperiert, sie sind runder und reicher geworden. Ein paar Schritte vom alten Gymnasium entfernt, in der Neustraße, war der Inhaber des prächtigen Giebelhauses zu Marx' Zeit noch Uhrmacher. Heute ist es nicht nur ein Giebel, heute sind es vier Giebel, da gibt es Tapeten und Bodenbeläge, und über den flankierenden Schaufenstern »Zum Farbkasten« gibt es auf der einen Seite das Kunstgewerbe, auf der anderen den Malbedarf für Schulen und Hobby mit Pelikan und Marabu, mit Schwan und Schminckes Eule, den Vögeln des schönen Gedankenflugs.

Wohin sollen wir uns wenden? Es ist Abend, und immerzu sind wir nach links gelaufen. Gibt es das Rechte überhaupt in Trier? »Sage du mir, Sterblicher, von wannen kömmt der Wind, oder trägt Gott eine Nase im Gesicht, und ich will dir sagen, was rechts und links sei«, schreibt der junge Marx, »nichts, als relative Begriffe, es ist, um sich Narrheit, Raserei in der Weisheit zu trinken! Oh! vergebens ist all unser Streben, Wahn unsere Sehnsucht, bis wir ergründet, was rechts und links sei, denn zur Linken wird er die Böcke stellen, zur Rechten aber die Schafe. Dreht er sich um, nimmt er eine andere Richtung, weil ihm nachts geträumt hat, so stehn die Böcke rechts und die Frommen links nach unsren elenden Ansichten.«

Zu den Chinesen und den Botswanern, den bayrischen Romsuchern und den mönchengladbacher Griechen hat sich Kazuko Ono gesellt, ein junger Mensch aus Japan. Er ist den Schulweg viele Male gelaufen, immer nach links, immer im Kreis, immer auf der Suche nach seiner trierischen Vergangenheit. »Unser Leben ist daher ein Zirkus«, sagt Marx, »wir laufen umher, suchen nach den Seiten, bis wir auf den Sand fallen und der Gladiator, eben das Leben, uns umbringt, wir müssen einen neuen Erlöser haben, denn – peinigender Gedanke, du raubst mir Schlummer, du raubst meine Gesundheit, du tötest mich – wir können nicht die linke von der rechten Seite unterscheiden, wir wissen nicht, wo sie liegen.«

Herr Ono ist Student und hat die Trierer über Karl Marx befragt. Eine kleine japanische Zeitung will wissen, was die Trierer von Karl Marx halten. Oh, diese linksgeknickten Trierer Rechten, diese Schlaumeier, diese Schlitzohren, diese kupplerischen Relativisten! Ja, wenn die Rebe empfinden und sich ausdrücken könnte, was würde sie nicht alles von diesen Trierern erzählen! Ein älteres Ehepaar antwortete ihm: »Trier wurde in erster Linie durch Karl Marx bekannt, wenn man von den römischen Ruinen absieht.«

Herzkammer des Landes

Rundgang auf dem Domfreihof

Gott ist Elsässerin, sagen Roger Siffer und Martin Graff; der Teufel stammt aus Zwehrn in Niederhessen, erzählt das Märchen; und die Engel kommen, wie wir von Rilke wissen, aus dem Weddellmeer, sind Pinguine, Trümmer von Vögeln, die nur noch herumsitzen und sinnen und langsam verkümmern.

Was bleibt da noch übrig für Trier, das sich ja nicht nur als Zentrum der Welt, sondern als neues Jerusalem, als irdisches Paradies, als das Auge des Orkans wähnt, während ringsum alles in Scherben fällt? Ja, was bleibt für Trier, wenn die elsässischen Liedermacher den lieben Gott, die niederhessischen Volkskundler den Teufel und die Walfänger und Metereologen vom Südpol die Engel für sich beanspruchen und die übrige Erde mit nichts als bösartigen Trierern bevölkert sehen möchten? Schlägt nicht das Herz der Welt in Trier, strömt nicht das Blut des irdischen und des himmlischen Lebens von Trier aus in alle Welt?

Man braucht nur ein paar Schritte zu tun, vom Hauptmarkt am Palais Walderdorff die Sternstraße entlang, und schon steht man auf dem Domfreihof, der romanischen Westfront des Doms genau gegenüber. Zwischen den beiden massigen Vierkanttürmen mit den ungleichen Spitzdächern wölbt sich das Halbrund des westlichen Chors weit vor die Portale, über denen eine doppelstöckige Säulengalerie nach beiden Seiten in runde Ecktürme führt. Das Bauwerk ist eher eine feste Burg als ein filigranes Gotteshaus, ein robustes Organ, das seit Jahrhunderten funktioniert, tagein, tagaus, mit immer gleicher Präzision, eine Herzkammer, die Herzkammer des Landes, wie Johannes Kirschweng sagt, ein Dichter aus Wadgassen.

Wadgassen ist ein Dörfchen im Saarland, und Rissenthal ist auch eins. In Wadgassen ist Kirschweng, der Dichter, als Sohn eines Fabrikschlossers, in Rissenthal Peter Wust, der Philosoph, als Sohn eines Siebmachers, geboren, beide stammen aus einfachen Verhältnissen. Als sie nach Trier ins Bischöfliche Konvikt kommen, erfaßt sie ein so jämmerliches Heimweh, daß ihnen die Tränen noch lange Zeit ihre saarländischen Backen netzen. Ihre Väter hatten sie nach Trier gebracht, Wust im Jahre 1900, Kirschweng 1912, beide schreiben später, wie sie Abschied von ihren Vätern nehmen.

»Ich merkte, wie weh es ihm ums Herz wurde, als er zu mir sagte: ›Dann fahre ich also am Nachmittag alleine zu deiner Mutter und deinen Geschwistern nach Hause.‹ In diesem Augenblick durchzuckte auch meine junge Seele ein unendliches Weh ... Am Portal des Hauses drückte ich ihm noch einmal schweigend die Hand, schaute noch einmal in sein gütiges und doch so gestrenges Vaterauge, und dann sah ich ihn gehen ... Jetzt war ich allein, zum ersten Male allein auf der Welt.«

Und Johannes Kirschweng schreibt: »Wir waren in einer kleinen Hauskapelle, in der die gelben Eichenbänke dicht aufeinander standen und in der der Weihrauchduft sich mit Küchengerüchen zu einer absonderlichen Mischung verband. Mir ist heute noch der Geruch von gekochten Äpfeln, der mir zuerst da entgegen kam, in Erinnerung geblieben. Hinzu kam noch der Dunst des frischen Öls vom Fußboden. Und alles zusammen legte sich mir auf die Brust und benahm mir den Atem. Da begann denn das würgende Elend des Heimwehs, das mich lange nicht mehr losließ und das mich heute zuweilen noch anspringt, wenn ich in der Fremde in so eine Kapelle eintreten muß.«

Es ist Sommer, siebzig Jahre später, wir sitzen in Wadgassen in der Kirschwengstube, es riecht nach Apfelschnaps. Domvikar Franz-Rudolf Reichert aus Trier hat über Kirschwengs Trierer Zeit gesprochen, zwei Baßtuben, zwei Posaunen und ein Waldhorn haben geblasen, zuerst den Hymnus eines unbekannten Meisters und später die Hochzeitshymne von Isenmann. Die Bläser, in Bärten und weißen Hemden, hauchten glutvoll in ihre Instrumente, die Tubabläser zogen und drückten ihre Röhren und der Hornist hielt seine rechte Hand in den Trichter und stopfte die schwärmerischen Töne. O ja, es wehte der Hauch der Seele aus den Blasinstrumenten, es stieg der Glaube aus der Posaune empor, und Bürgermeister Mouty sprach vom Grenzlandschicksal. »Trierer Land, Heimatland«, sagte er, rot leuchtete seine Krawatte, die Instrumente blitzten von Sidol.

»Trier«, so begann Domvikar Reichert seinen Vortrag, »das ist beim trierischen Klerus bis auf den heutigen Tag ein Synonym für Bistumsverwaltung, Generalvikariat, Bischöfliche Behörde«, und »die Trierer«, führte der Domvikar weiter aus, mit denen seien dann eben die führenden Vertreter der Bischöflichen Behörde gemeint, und in vehementer Rede ließ er den jungen Kirschweng auf diese Behörde prallen, ihren Eifer, ihre Strenge, ihre Sprache. »Dieser Klang«, zitierte er Kirschweng, »ist für mich immer mit dem Gefühl völliger Fremdheit verbunden geblieben, und heute, nachdem ich doch wahrlich genug Jahre meines Lebens in der alten Römerstadt verbracht habe, rührt mich ihre Sprache immer noch so fremd an wie die eines ganz anderen Volkes.«

Aber auch den »langen, ausdauernden Atem der Geschichte« beschwor der Domvikar, und so kam er auf den Dom selbst zu sprechen und sagte: »Vom Dom her wuchsen ihm dann auch die Maßstäbe zu.« Domvikar Reichert hielt an diesem Lieblingswort fest, er blieb beim Zuwachsen, und wir spürten förmlich, wie es Kirschweng zuwuchs, die Adern, die aus einem Herzen, die Triebe, die aus einer Pflanze wuchsen, »daß ich genau wie ich bis dahin daheim gewesen war zwischen den Erbsen und Bohnen und Birnen und Äpfeln unseres Gartens, so jetzt daheim sein würde zwischen Pfeilern und Bögen des gewaltigen Gotteshauses, in dessen Gewölbe die Jahrtausende hineingebaut sind«: Das wußte nun auch Kirschweng, und von da an war seine Heimat nicht nur mehr allein das saarländische Dörfchen Wadgassen, sondern Trier und sein Dom, »die Herzkammer des Landes«.

Es ist eine vielverzweigte, eine komplizierte Herzkammer, ein Kunstherz, und anderthalb Jahrhunderte haben an ihm konstruiert, Konstantin und Gratian, die römischen Kaiser, Poppo und Hillin, die trierischen Erzbischöfe, Johann Hugo von Orsbeck und Franz Ludwig von Pfalz-Neuburg, die deutschen Kurfürsten, zum römischen Quadratbau kamen die romanischen Rundbögen, der gotischen Himmelsflucht folgte barockes Symboldenken. Da gibt es eine rechte und eine linke Herzkammer, und da gibt es Herzvorkammern. Es gibt Arterien und Venen, Längswände, Querwände und Klappen, ein mächtiges Herz, in dem es pumpt und rumort, das Herz einer Stadt, eines Landes, der ganzen Welt vielleicht, oder ist es gar das Herz Christi selbst, das die Trierer so vernehmlich klopfen hören? Allem Christlichen ging das Heidnische voraus, auch in Trier. Die letzten Kaiser hatten noch keltischen Quellgöttern gehuldigt, Caracalla in Baden-Baden, Maximinian in Aquileia und Konstantin in Mackviller im Departement Moselle. Hier hatte er seine

Der Dom

Vision vom großen X, das später auf seinen Standarten prangte. Aber nicht die Religion der Eichenkundigen nahm er an, o nein, er setzte lieber ein P vor das X, schwenkte auf Christus um und besiegelte die Schwenkung, indem er sagte, an der Milvischen Brücke habe ihm eine himmlische Stimme zugerufen: »In hoc signo vinces!« Ja, in diesem Zeichen siegte er, und als er sich anschickte, zu Trier in diesem Zeichen eine Kirche zu bauen, da mußte der leibhaftige Teufel, der es verhindern wollte, vor diesem Zeichen sein Wimpelchen streichen, und aus lauter Wut hob er einen der monolithischen Granitblöcke aus dem Felsenmeer des Odenwaldes, wovon sechs den quadratischen Dachstuhl trugen, hoch in die Höhe und ließ ihn so heftig auf die Erde fallen, daß er in viele Stücke zerbrach.

Es liegen noch immer zwei Stücke davon vor dem rechten Portal, und die Trierer Kinder singen wie eh zuvor:

»O'm Dumstaan sei mer romgerötscht,
Et waor nöt ömmer ginstig:
De Box zerröß, de Kaab verlor,
De Kobb zerschonn blutrinstig«,

und wenn ein Fremder kommt und nach dem Dom fragt, dann erklären sie es ihm und sagen: »Hier können Sie siehn, Här Mustafa, den berühmten Dumstaan. Dat Gebäude, wat dahinter leiht, dat is der Dum.« Der Türke, mit Schmachtlocke und Schnauzbart, an silberglänzenden Krücken gehend, müht sich durch den Windfang des Portals. Mächtig ragen die Pfeiler vor ihm auf, schwer lasten die Gewölbe, der Türke dämpft seinen Schritt. Die Orgel braust, die Register sind gezogen. Gemshorn und Nachthorn, Cornett und Cymbel tönen, die Rohrflöte wispert, die Waldflöte schwärmt, es schnattert die Bombarde, es quengelt die Gedackte. Der Türke steht mitten im Raum, noch weiß er nicht, wie er sich bewegen, wohin er sich wenden soll. Prächtig glänzen die Altäre, üppig prunken die Figuren, golden blitzen die Gitter vor den samtrosa Wänden. Der Türke bewegt seine Krücken und schiebt sich in eine freie Bank. Dort kniet er nieder und betet.

Rosa leuchten die Wände. Vor zehn Jahren hat der Sandstrahl das ruppige Mauerwerk freigeblasen, es ist teils steinsichtig, teils steinfühlig restauriert, ein Skandal für die zarten Sinne der Denkmalpfleger. »Jedermann weiß«, sagt Rüdiger Schneider-Berrenberg, »wie sehr zum Beispiel die Wirkung eines noch so gut geschnittenen Gesichts etwa durch eine narbige oder großporige Haut beeinträchtigt oder gar entstellt werden kann«, und er zitiert Professor Mielke aus Berlin, der den mittelalterlichen Bauern ins Gespräch bringt, welcher, auch wenn er noch so arm war, wenigstens die Wände seines Hauses gekälkt habe. Die Denkmalpfleger beklagen den »Mord am Dom«, sie entwickelten kriminalistisches Geschick, Dienstaufsichtsverletzungen aufzuspüren, plädierten für ein angemessenes »Putz-Make-up«, weil sie fürchteten, eines Tages auch noch die kostbaren Altäre vor den unverputzten Hintergründen zu verlieren.

Aber nicht nur der Raum, nicht nur Licht und Schatten, Nähe und Ferne, auch die Liturgie ist umgedeutet, hell ist nicht mehr hell und dunkel nicht mehr dunkel, nah nicht nah und fern nicht fern, Christus handelt nicht mehr von oben nach unten, jetzt handelt er nach vorn und nach hinten, nach links und nach rechts, er opfert sich durch die Hände der Priester nach allen Seiten, es geht zu wie in der neuen Schaubühne am Lehniner Platz in Berlin, der Hauptaltar aus grauem Syenit erscheint wie ein Requisit in einer Parsifal-Aufführung.

Der Geistliche, in violettem Gewand, steht am Mikrophon und singt, er singt nicht etwa tonlos einen monotonen Sprechgesang, Gott behüte, nein, er singt mit schöner Stimme eine bewegte Melodie, dann rückt er sich das Mikrophon zurecht und liest aus dem Hebräerbrief. Hinter ihm, auf schmaler Bank, sitzen drei weitere Geistliche, alle in violetten Talaren mit weißen Kragen. Aus den Boxen klingt das Hallelujah, die Ministranten hantieren mit Schellen und Weihrauchfässern, es klingelt wie in der Zauberflöte, Rauch steigt auf, und in breiter Quadrophonie schallen die Litaneien, hallen die Gebete. Es jubiliert das Gloria, es dröhnt das Sanctus, leicht übersteuert, durch den gewölbten Raum. Der Türke, schwerfällig auf seine Krücken gestützt, lehnt an der Rückwand der Bank. Er blickt nach unten und betet, auch er ist quadrophonisch beschallt.

Später, nach Agnus Dei und allgemeinem Aufbruch, opfert er eine Kerze am Johannesaltar. Lange steht er hinter der fünffachen Kerzenreihe und schaut nach dem Steinrelief, das Jesus zeigt, wie er im Wasser steht und die Taufe empfängt. Ein Himmel voller lautenspielender Engel öffnet sich über der Szene, und der liebe Gott schaut wohlgefällig aus einer Wolke hervor. Zwei junge Mädchen treten aus der Nische des Marienaltars, sie knicksen und bekreuzigen sich, aber schon sind sie wieder in die wirkliche Welt eingetreten; während der Türke immer noch seine längst heruntergebrannte Kerze in der Hand hält, flüstern sie sich eine lustige Geschichte zu, sie kichern wie Gekitzelte, sie haben sich ihre Hände gegenseitig um die Hüften geschlungen.

Nun zucken wieder die Fotoblitze. Eine Führerin schleust eine amerikanische Reisegruppe durch die Schiffe und Chore. »Look a nice organ!« sagt sie, und die Amerikaner, in gesteppten Parkas und Zipfelmützen, kehren ihre Kameras nach dem silberblitzenden Schwalbennest. Sie kramen in den Schriftenkästchen, sie stöbern im Pau-

Am Dom

linus-Blatt, sie blättern in der Lebensbeschreibung von Schwester Blandine, der Ursuline vom Calvarienberg zu Ahrweiler. Dem Bauernmädchen aus dem saarländischen Düppenweiler, erst Lehrerin, dann Nonne, ist eine Neun-Tage-Andacht mit Gebetserhörungen gewidmet, sie ist auf dem Weg, eine Heilige zu werden, falls die römische Ritenkongregation ihr seliges Leben anerkennt. »Sie war ein Engel«, sagte der Schulrektor von Düppenweiler, und der Pastor sagte: »Sie war als Kind schon ein Engel.«

Die Amerikaner studieren die Tabelle der Posteingänge und Telefonanrufe für Blandine, 1979 waren es 54 267 aus 33 Ländern, darunter allein 12 aus Tansania und sogar eine aus dem protestantischen Dänemark. Von 2 038 Gebetsbitten, den Glauben betreffend, wurden 336 erhört, von 1 147, die Ehe betreffend, 174, doch die 4 171, die um ihre Seligsprechung baten, fanden kein einziges offenes Ohr. Doch die Amerikaner nicken zustimmend mit dem Kopf, als Kinder McLuhans genügt ihnen der statistische Nachweis, das quantitative Interesse ist ihnen Botschaft genug.

Inzwischen hat sich der Türke zu den Amerikanern hinzugesellt. Er steht ganz hinten in der dritten Reihe, aber auch er folgt der Fingerlinie der Reiseführerin, die über Betgestühl und Altäre, über Treppen und Balustraden durch das Chor hindurch auf ein steinernes Wolkenloch zeigt, an dessen Rand sich geflügelte Putten tummeln. Unter einem barocken Getümmel von Engeln, unter Muscheln und Akanthusblättern liegt, wie Schneewittchen in seinem Glassarg mit Blattschliff, der heilige Rock, wohlversiegelt im Holzschrein.

Kaiserin Helena, in Trier geboren, die Konkubine des bleichen Kaisers Konstantius, hatte einst, so erzählt die Legende, das nahtlos gewebte, ungeteilte Gewand Christi aus Palästina nach Trier gebracht, mitsamt einem Nagel vom Kreuz, den Sandalen des heiligen Andreas, einem

Zahn des Petrus und dem ganzen Körper des Apostels Matthias. Im heiligen Rock, einer nach allen Seiten geschlossenen, mit Ärmeln bestückten Tunika aus gemustertem Seidenstoff, schlingen sich kleinere goldgelbe und purpurviolette um größere Quadrate, wovon eines zwei einander zugekehrte Vögel umschließt, zwei kuriose, zwei komische Vögel, von denen Herr Wilmowsky, der Domkapitular, der den Rock im Jahre 1844 gesehen hat, sagt, es seien entweder Pfaue oder Silberreiher, mit langen Hälsen, plumpen Füßen, stumpfem Schwanz.

Ausgestellt wurde der Rock seit Anfang des 16. Jahrhunderts zu besonderen Anlässen, deren Gründe tief in den Herzen der Bischöfe verschlossen blieben, zuletzt 1959, als die SPD das Godesberger Programm beschloß, 1933, als Adolf Hitler die Macht ergriff, 1891, als Kaiser Wilhelm das Arbeiterschutzgesetz in Kraft setzte, 1844, als Heinrich Heine in seinem Gedicht »Warnung« die Schlußstrophe schrieb:

»Teurer Freund, du bist verloren!
Fürsten haben lange Arme,
Pfaffen haben lange Zungen,
Und das Volk hat lange Ohren!«

Und doch war es nicht hellhörig genug im Jahre 1933, als Bischof Bornewasser das Weihespiel inszenierte. Fröhlich wehten die Hakenkreuzfahnen, die uniformierten Christussoldaten standen Spalier, ein SA-Mann trug ein krankes Kind in den Dom, die Parteikapelle blies und erbaute die Pilger mit geistlichen Liedern. Mehr als zwei Millionen Gläubige und Neugierige waren nach Trier gekommen, da kniete auch Gauleiter Simon nieder, und Friedrich Jaskowski, Schriftsteller und Augenzeuge, konnte niederschreiben: »Die ganze Stadt verwandelte sich in ein Gasthaus.« Frau Schöner aus Dudweiler, damals noch ein

Saarbrücker Mädchen, erzählt: »Trier war immer noch e Städtche for Geld se verdiene. Mir ware domols no'm heilje Rock gepilchert. Ich war noch e klän Mäde, o je, was war das e weiter Weech, zu Fuß. Der heilje Rock, das war nur Zunner, wemma do draan gefahr hätt, wär' er grad ausenanner gefall. Do simmer draan langs gang, un das war alles.«

Die Protestanten hatten ihn nie gemocht, Luther nannte das Brimborium um ihn eine »große Bescheißerey« und Ulrich von Hutten sagte: »Ein altes, lausiges Wams.« Und die Orientalen? Der Türke ist über die Treppen und Balustraden hinaufgestiegen, er kniet vor dem goldenen Gitter und schaut durch das prächtige Himmelsloch. Aber sein Blick reicht nicht weit. An der Rückwand der barocken Kapelle prangt der Sternenhimmel vom 1. Mai 1974, dem Wiedereröffnungstag des Doms nach der Restaurierung. Die Sterne, alle aus Bergkristall, glitzern an einem bräunlichen Himmel, die Ewigkeit ist zusammengeschrumpft auf diesen einen Tag. Auch auf dem Glaskasten funkelt ein mächtiger Bergkristall, Kühltruhen zum Schutz des Textils sind aufgestellt, an den Wänden brummen die nimmermüden Aggregate.

Von hier aus hat es der Türke nur ein paar Schritte in die Schatzkammer des Doms. Wieder gesellt er sich zu der amerikanischen Reisegruppe, die sich, mit aufgeknöpften Parkas, die Pudelmützen in der Hand, um den Pförtner geschart haben. In den Vitrinen blitzt es vom Gold und funkelt es von den Edelsteinen der Monstranzen und Kreuze, der Meßkännchen und Reliquienschränke, der Kelche und Zimborien, der Bischofsstäbe und der Rauchfässer. Da liegen Krümme von Bischofsstäben aus den Gräbern des Erzbischofs von Vinstingen, des Erzbischofs von Schönborn, des Erzbischofs von Walencourt. In den Krümmen erscheint die Madonna, der Engel, der Delphin. Rauchfässer sehen aus wie asiatische Pagoden, wie

Altar im Dom

türkische Moscheen, wie libanesische Kuppeln, und auf ihren geschmiedeten Goldwänden spielen sich die biblischen Dramen ab, Abraham, wie er Isaak beim Schopfe faßt, David, wie er Bathseba beim Baden belauscht. Oder sind es andere Geschichten, vergessene Legenden, orientalische Tragödien?

»Was da drauf ist, ist alles symbolisch«, sagt der Pförtner, »der Wert hat nix mit Realwert zu tun. Sehen Sie, die von der Düsseldorfer Akademie haben sich für nix als die Kelche interessiert.« Er erzählt von zwei Amerikanern, einem Farbigen und einem Blonden. »Der Blonde war Edelsteinfachmann«, sagt er, »einen Stein schätzte der auf 50 000 Mark Realwert, falls er aufpoliert und mal modern gefaßt wird, die Karate der Brillanten in der Monstranz taxierte der mit bloßem Auge, so gut hat der sich ausgekannt.« Zu der goldenen Hülse für den heiligen Nagel, in der der Nagel leibhaftig zu sehen ist, sagt er: »Alles Handarbeit.«

Die Schatzkammer zu Trier ist ein »Sesam-öffne-dich«. Das fränkische Ölgefäß ist aus Knochen, die Trinkschale der heiligen Helena aus Amethyst, die syrische Mütze des heiligen Simeon aus Kamelhaar. Im Egbert-Schrein, dem Andreas-Tragaltar, liegt, wohlversiegelt, die Sandale des heiligen Andreas, »eine Sohle mit Riemen«, sagt der Pförtner, auf dem Schreindeckel steht ein schmaler Goldfuß mit kostbarer Edelsteinkette, die Löwen der Kastenfüße sehen wie Frösche aus. »Der war auf der Brüsseler Weltausstellung«, erzählt der Pförtner, »und kürzlich war auch das Fernsehen da.« Einem nächsten Reliquienkasten, silbervergoldet, aus dem Byzanz des 12. Jahrhunderts, ist eine Lupe vorgesetzt, »die kleinsten Teile messen nur 4 mm«, sagt er, als habe er sie selbst nachgemessen. »Das muß man sich mal vorstellen, und da ist ein Teil wie der andere.« Und er setzt hinzu: »Das kann ich nicht fassen, so oft ich gucke.«

Längst haben die Amerikaner ihre Parkas wieder zugeknöpft und ihre Zipfelmützen aufgesetzt, da steht der Türke immer noch vor dem byzantinischen Elfenbeinrelief aus dem 6. Jahrhundert, das eine Reliquienprozession des Jahres 415 zur Einweihung der Hagia Sophia in Konstantinopel darstellt. Auf dem Dach sitzen noch die Dachdecker, vor dem Portal steht schon die Kaiserin mit Perlendiadem und Stabkreuz, der Kaiser, im Dienstkostüm, trägt die dicke Kerze in der Hand. Hoch oben auf einem Maultierwagen sitzt der Bischof Antarados mit dem Patriarchen Atticus, sie halten einen Reliquienkasten auf den Knien und schauen bedeutungsvoll in die Runde. »Sehen Sie sich nur die Gesichter an«, sagt der Pförtner, »jedes hat einen anderen Ausdruck, auch die Gesichter der Zuschauer oben auf der obersten Empore«, und der Türke schaut ganz genau nach, ob er nicht einen Konstantinopler Verwandten entdeckt.

Heftig pocht es in seiner Brust. Klopft nicht im gleichen Rhythmus das Herz der Schatzkammer, atmet nicht jede Nische, nicht jedes Kapellchen tief und schwer? Es bebt und webt die mächtige Herzkammer, ein systolisches Zittern, ein diastolischer Schauder schüttelt den Dom, es schaukeln die Pfeiler, es wackeln die Wände, besorgniserregend vibriert es im knarrenden Betgestühl, oder sind es die reparierten Herzklappen, die Kulissen der Weihebühne, die so bedenklich klappern? Was ist aus dem restaurierten Kunstherzen, was aus der renovierten Theatermaschine geworden? Ja, das unselige Kulissendenken! »Mit dem Kulissendenken sind wir über den Begriff des Gesamtkunstwerks im Sinne Richard Wagners in der allgemeinen Denkmalpflege demnach kaum hinaus«, kritisiert Doris Schmidt die »architektonische Ohnmacht vor den Kathedralen«.

Mustafa, auf seinen Krücken, probt den aufrechten Gang. Jetzt steht er wieder im Freien, setzt ein Bein vor das andere, ein türkisches aus Fleisch und Blut und eines aus deutschem Leichtmetall, nein, er darf nicht mit zwei türkischen Beinen im Trierer Leben stehn. Auch der türkische Halbmond hat nicht auf dem Freihof geweht, als der Dom wieder eingeweiht wurde im Jahre 1974, ebenso wenig wie Hammer und Sichel und der verpönte Davidsstern. »Eure Exzellenz, Ihre Fahne wurde leider vergessen«, hieß die lakonische offizielle Sprachregelung, als der russisch-orthodoxe Bischof und der Landesrabbiner die Fahnenmasten musterten.

Dafür weht umso fröhlicher das Fähnlein der Marianischen Kongregation, und der Türke, hinter den Wimpeln her, wendet sich Liebfrauen zu. O Liebfrauen, wie bildest du mit der pulsierenden Herzkammer einen noch größeren Organismus, womöglich eine gigantische Herz-Lungen-Maschine, und dein Atem bläst belebend durch die Adern! Der Grundriß von Liebfrauen ist die »rosa mystica«, das Symbol der Gottesmutter, und ihr in den Himmel weisender Stengel ist der schlanke Spitzturm, den aber ein Sturm gebrochen und zerschmettert hat. Wenn die helle Morgensonne auf den Glasfenstern liegt, dann leuchtet das Rot und glänzt das Gelb changierend, die Farben blitzen und springen um wie die Glassplitter in einem Kaleidoskop. Der Mann im schwarzen Rock richtet die Mikrophone, er rückt die Meßbücher zurecht, bläst mit vollen Backen die Kerzen aus. Es knackt in den Lautsprecherboxen. Der Kerzenrauch zieht in feinem Faden zur Decke empor, mischt sich mit dem Gelb und Rot des Fensterglases und löst sich in der Höhe auf. Der alte Penner, in dichtem, zerknülltem Bart und dickem Mantel versteckt, zählt die Geldstücke, die er gebettelt hat, aus seinen Plastiktaschen zieht ein Dunst von Käse und Kautabak. Er gähnt, reibt sich die Augen, tritt von einem Bein auf das andere und wartet auf die vormittägliche Verwandlung. Eine Frau mit Staubsauger geht durch die

Eingang zu St. Gangolf

Reihen, das Rauschen der Maschine mischt sich polyphonisch mit dem Knacken aus den Boxen. Noch ist das Rauschen ein profanes Rauschen, das Knacken ein weltliches Knacken, noch ist die Stunde nicht gekommen, in der es feierlich rauscht und majestätisch knackt, in der das Brot und der Wein ihre Metamorphosen erfahren, aber schon gehen die vielen Marien, schlank und graziös, in den Fenstern rundum spazieren und schauen in den Kelch der mystischen Rose. Plötzlich flammt das elektrische Licht auf und münzt den Zauber um.

Wo Weihe ist, ist auch Wein. So mahnt die neue »Verordnung über den Gebrauch von Wein bei der Eucharistiefeier«, es sei das Gebot von »Glaube, Ehrfurcht und Liturgieverständnis, daß bei der Feier des heiligen Opfers nicht die allerniedrigste Qualitätsgruppe wie Tafelweine und Schöppchenweine verwendet wird gegenüber einer Bevorzugung qualifizierter Weine im privaten Bereich.« Ja, die Weihe sucht sich den Wein aus, ein naßgezuckerter würde seine Substanz verändern, ein trockengezuckerter aber, »wenn höchstens ein Drittel des Alkohols der Gärung des Zuckeransatzes entstammt, zwei Drittel aber von den Weintrauben herrühren«, ist gültig und des Opfers würdig.

Am gültigsten und würdigsten aber sind die »Qualitätsweine mit Prädikat«, und schon spitzen sich die Zungen der Kenner, und den Ministranten läuft das Wasser im Munde zusammen aus Vorfreude auf die künftigen Meßopfer. Oh, wie werden sich die eucharistischen Genüsse steigern von der herben Frische des Kabinettweins über die spritzige Süße der Spätlese und die edle Fäule der Auslese, von der strahligen Kraft der Beerenauslese und der samtigen Eleganz der Trockenbeerenauslese bis zum Eiswein. Oh, die Wonnen des Eisweins, den Bischöfen gebührt der Dank des ganzen katholischen Erdkreises, der sich fortan nicht mehr um die Gültigkeit und die

Würde des Meßopfers sorgen muß, außer den Friesen und den Bayern, die die neue Verordnung gleichgültig läßt, weil sie ja den Kümmel und das Bier bevorzugen.

»Ich habe gepflanzet, Apollos hat begossen; aber Gott hat das Gedeihen gegeben«, sagt Paulus im 1. Korintherbrief. Der Pforte von Liebfrauen gegenüber, im Innenhof des Palais Kesselstatt, zwischen Säulen und Treppen der Eingangshalle, stehen alte Traubenpressen mit schönen handgeschnitzten Bordüren, apollonische Verwandlungsgeräte, paulinische Gottesmaschinen. An der Hausseite zum Dom hin ist der Eingang zum Malteserhilfsdienst. Das Malteserkreuz, weiß im roten Wappenschild, kokettiert mit der alten Weinpresse vor der Eingangstreppe und stellt auf zärtliche Weise die Verbindung zwischen Verführung und Beistand, zwischen Malteser Kümmel und Malteser Helfen dar.

Die Fassade, mit kunstvoll gegitterten Fenstern, deren Stäbe, nach auswärts geschwungen, Blumenkästen voller lila und rosa Geranien umschließen, schmiegt sich so kunstvoll in Enge und Knick der Straße, daß diese Ecke zur Bühne wird. Über der Pforte und den Balkonfenstern prangen Friese mit Köpfen in Muschelschmuck, die Wappen im Giebeldreieck sind von Bestien gestützt, rechts von einem geflügelten Löwen, links von einem pfeilgeschwänzten Vogel Roch.

Mustafa dreht sich auf dem Absatz um und kehrt auf den Domfreihof zurück. Noch einmal wirft er einen Blick auf das Malteserkreuz, nein, er ist kein Kümmeltürke. Neben den Trümmern des Domsteins liegt ein Fähnchen von McDonald's mit dem gelben M im roten Feld. Aber dem amerikanischen Fähnchen folgt kein Feinschmecker, auch kein Türke, und im Restaurant »Zum Domstein«, den Basalttrümmern gegenüber, geht es europäisch zu.

Auf der Freiterrasse drängten sich im Sommer die Eisesser aus aller Welt, sie blätterten in der Eiskarte, die mit

Efeu und einer römischen Büste garniert ist. Es gab gemischtes Eis und gemischtes Eis mit Sahne, Eiskaffee und Kirscheisbecher Canella, es gab den Eisbecher Sonnentraum aus mit Koriander gewürzten und mit Zwetschgenwasser abgeschmeckten pürierten Aprikosen auf Nußeis, und es gab die Meringue Domherr Kir, ein mit Vanilleeis und Johannisbeeren gefülltes Baiser, übergossen von einer Crème de Cassis. Oh, wie sich die Krausköpfe aus Botswana der Vanillelüste versicherten, wie sich die Damen aus Mönchengladbach der kühlen Domherren annahmen! Auf der Terrasse entspann sich ein sommerliches trierisches Zwiegespräch:

»S'il vous plait?«

»Zwei Eis, bitte.«

»C'est tout?«

»Ja, danke.«

Es sprachen nicht etwa ein französisch sprechender französischer Gast und eine deutsch sprechende deutsche Kellnerin miteinander, o nein, in diesem zweisprachigen Dialog sprach der französische Gast deutsch und die deutsche Kellnerin französisch, es tauschten sich die Nationalitäten ineinander, und wenn der Türke heute, ein halbes Jahr später, zur Weihnachtszeit, einen Blick auf die Speisenkarte wirft, dann wird er »Minutal ex praecoquis mustea«, »Copadiae ius album in copadiis mustea«, »Perna cum caricis mustea« und »Piscis assus ius in pisce mustea« entdecken, was nichts anderes als Frikassee mit Aprikosen und Weinbrötchen, Kalbsschnitzelchen in weißer Piniensauce und Weinbrötchen, mit Myrte gekochter Schinken in Feigensauce und Weinbrötchen und gebratenes Fischfilet in Fischsauce und Weinbrötchen ist, zubereitet nach dem römischen Kochbuch des Marcus Gavius Apicius von Küchenmeisterin Rosemarie Gracher und serviert im Römischen Weinkeller der Kurtrierischen Weinstube.

»Rühre tüchtig und binde mit Bröseln!« ruft Herr Api-

In der Liebfrauenstraße

cius in seinem Kochbuch, »zerstampfe Pfeffer und begieße mit Wein! Räuchere, backe, brate!« ruft er, und die speisenden Gäste schlürfen zur Vorspeise etruskischen Weißwein aus Parrina, zum Hauptmahl geharzten Retsina aus Patras, und zur Nachspeise verleiben sie sich mit Lacrimae Christi vom Vesuv den süßen Schmerz der Erinnerung ein.

Unten im »Domstein«, in einer Vitrine den Toiletten gegenüber, sind handgreiflichere Erinnerungsstücke als Christi Tränen feilgeboten: der Bacchus-Trinkbecher für 28 DM, die handgetöpferte Amphore für 50 DM, das Öllämpchen für 14,50 DM und der Aschenbecher in Kapitellform für 4,60 DM. In der Toilette gibt es den Aquamat 2000 zum Waschen und den Starmix zum Trocknen der Hände. Die Apparate funktionieren automatisch, auch noch die allerletzte Verwandlung, in den Kabinetten des Purgatoriums, braucht nicht von Berührungsangst zerquält zu sein. »Alles schön un jut«, sagt ein Trierer mit Brille, »aber die Türen müssen Sie dann doch mit der Hand aufmachen, alles ist wieder hin.«

Hat er nicht recht? Ist das die logische Intelligenz, das superfeine Nervensystem, die Elektronik, die in ein Spatzenhirn paßt? Ist sie nicht kurzsichtig? Der Herr setzt seine Brille ab, nimmt ein Taschentuch hervor und putzt die Gläser blank. Ja, hat er nicht wirklich recht? Endet nicht die Elektronik an jeder Toilettentür? O ja, die elektronische Kurzsichtigkeit reicht vom Waschbecken bis zur Toilettentür, und schon Till Eulenspiegel, als brabantischer Brillenmacher, hatte sich mit ihr befaßt, als es noch keine Waschbecken und noch keine Toiletten mit Wasserspülung gab.

Auch der Trierer Herr in der Toilette des »Domstein« benutzt seine Brille, er sieht nicht durch die Finger wie die großen Herren, die Päpste und Kardinäle, die Kaiser und Könige, die Fürsten und Räte, die Richter und Elektroniker zu Eulenspiegels und auch zu heutiger Zeit. War es nicht der Bischof von Trier, zu dem Eulenspiegel sagte, heute läsen die Herren nicht mehr in den Büchern, sondern seien so gelehrt, daß sie ihre Sache auswendig wüßten und ihre Brillen oft in vier Wochen nicht aufsetzten und lieber durch die Finger sähen, wodurch das Brillenmacherhandwerk so arg heruntergekommen und es vielleicht besser sei, die Brillenmacher Elektroniker und die Elektroniker Brillenmacher werden zu lassen, damit die Elektroniker bei ihren Innovationen besser zu sehen vermöchten?

»Sieh um Dich« heißt die kleine geknickte Gasse, die aus dem Domfreihof herausführt, und wir sehen um uns und sehen uns um. Da liegt vor uns, in der Sichelstraße, Faßbenders Centralhotel. Wir sind zum Abendessen eingeladen, wie die Fürsten auf Karl Faßbenders Speisenkarte sitzen wir im Speisesaal und essen. Wir essen eine Mulligatawny-Suppe, Lachs in Moselriesling auf Risotto, Frisée-Salat, Filetsteak nach Art des Chefs, Pariser Kartoffeln, Spargelgemüse und Pfirsiche auf Walnußeis. Karl Faßbender, der Trierer Obelix, der schnurstracks vom keltischen Bratfeuer in die Gaststube tritt, schenkt einen 76er Kanzemer Scharzberg aus. Hier residiert er im Haus »Fetzenreich«, benannt nach dem Stadtschultheiß Bonifaz dem Reichen, hier zeigt er stolz seine Schätze vor, die gotischen Feiersälc, das Kreuzgewölbe der Weinstube, altes Mobiliar, Kaminuhren, Lehnsessel, Porzellanteller. Das Patrizierhaus aus dem zwölften Jahrhundert war im fünfzehnten auf den Abt Roderich von Eppelborn übergegangen und wurde am 13. Mai 1803 durch den französischen Präfekten versteigert. Faßbenders pachteten es und kauften es schließlich dem Trierergesellenverein ab. »Alles zu seiner Zeit«, sagt Karl Faßbender, »und alles an seinem Ort.«

Karl Faßbender sitzt am Kopf des Tisches, und er ist

auch der Kopf des Tisches, obwohl der Bauch sein stärkstes Argument ist. Heiliger Zorn hat ihn ergriffen, er erzählt alte und neue Trierer Geschichten, er erinnert sich an das Happening, das Beuys und seine Schüler im Simeonstift veranstaltet hatten, er sagt: »Dem hätt' ich am liebsten Prügel angeboten, wie er am Fenster in einer Säule ein Einweckglas mit einem Schweinehirn gezeigt hat.« Beuys hatte das trierische Selbstbewußtsein provoziert, der Eulenspiegel hatte Wortwörtlichkeit demonstriert, den Teufel beim Schwanz und den lieben Gott am Bart gezupft. »Ein Schweinehirn«, sagt Karl Faßbender, »ich bitte Sie, alles zu seiner Zeit, und alles an seinem Ort.« Über der Gaststube im Maximiner Zimmer, neben dem alten Refektorium des Maximiner Refugiums, als Sockel der Fensterpfosten, sind alle Beuysschen Skandale in den deftigen Skulpturen des 16. Jahrhunderts vorgebildet: der Mann, der mit nacktem Hintern im Gemüsekorb sitzt und eine Rübe in der Rechten hält; das Weib, das auf dem Rücken eines Mannes sitzt und ihm mit dem Kochlöffel den blanken Hintern klopft; Vergil, wie er im Korbe sitzt und dem Volksgespött preisgegeben ist; Delila, wie sie dem gefesselten Simson die Haare abschneidet; Phyllis auf dem Rücken des Aristoteles; die Kaisertochter im verführerischen Gewand; Weiberlisten, Männerschmach.

Wir putzen uns den Mund ab und treten hinaus in Faßbenders Innenhof. Von den Mauern hängt Efeu herab, aus alten Brunnensteinen quillt Wintergesträuch, Fässer, Räder, Laternen zeichnen ihre Umrisse ins Dunkel, unter den alten, entlaubten Bäumen stehen die Sommerstühle aufgestapelt und warten auf bessere Zeiten.

Noch einmal kehren wir ins Domviertel zurück, Windstraße, Hinter dem Dom, Banthusstraße. Noch immer riecht es nach Weihrauch und gekochten Äpfeln, wie Johannes Kirschweng es vor einem Menschenalter gerochen hat, kein Wunder, die Hauskapelle liegt über dem

Speisesaal und die Küche ist auch nicht fern, wie Peter Wust es schon ein Jahrzehnt vor ihm erkundet hatte. Weihrauch und gekochte Äpfel erzählen von deftiger Nahrung, der Bauch ist gefüllt, das Herz gestärkt und eingeräuchert das Hirn, in den heiligen Kammern arbeitet es mit nächtlicher Präzision, ruhig und regelmäßig, nicht ganz so heftig wie tagsüber.

Es arbeitet für den ganzen sichtbaren Erdkreis und obendrein auch noch für die blinde Justitia des Himmels. Heißt es nicht schon im mittelalterlichen Spielmannsepos »Orendel«: »Trier, wo Gott einst auf des Thrones Stufen/ Sünder ohne Zahl wird zum Weltgericht rufen?« Ja, hier in Trier wird Gott sitzen, mitten in der Herzkammer des Trierer Landes, und vernehmlich wird sein männlicher Atem durch die Arterien blasen. Und da kommen Roger Siffer und Martin Graff und behaupten, Gott sei eine Elsässerin!

Bäurische Satyrn und Nixen des Wassers

Weinfest in Olewig

Es ist Anfang August, ein heißer Samstag mit Sommerfäden in der Luft. Früh fliegt das Mariengarn, die Spinnwebe blitzt im Licht, ein Büschel Engelshaar schwebt über die Dächer der Stadt. Die Hand der Nachmittagssonne drückt schwer auf die Flanke des Petrisberges, es dampft der Asphalt der Sickingenstraße, nur die Ameisen auf ihrem Laufpfad rennen Hals über Kopf, sonst herrscht mittelmeerische Kaffeestunde, und die Hotelgäste sitzen reglos unter breiten Markisen. Noch ist August, aber schon kündigt sich der Herbst an, früher als sonst, fett steht der Wein im Laub, die Trauben schwellen am Stiel, und Horaz, der gesellige Dichter des Kaisers, ruft ins 20. Jahrhundert herüber: »Jetzt laßt uns trinken! Jetzt mit entbundenem Fuß den Boden stampfen!«

Am St. Maximiner Kreuzberg biegen wir in den Weinlehrpfad ein. Hoch über dem Wingert schwebt ein Bussard, er kreist ohne Flügelschlag, kreuzt seine eigenen Schlingen einwärts und auswärts, wendet sich dem Wald zu und kehrt hinter der Wetterwarte ins Olewiger Tal zurück. Geräuschfetzen aus Lautsprechern dringen herauf, ein brüchiges Trompetengeschmetter, das Gemurmel einer Menschenmenge, ab und zu auch das Dröhnen eines alten Orchestrions, alles nur im unzusammenhängenden An- und Abschwellen einer halbbekannten Melodie, wie ein Schwall Orgelmusik.

Noch sind wir hoch im Weinberg, Riesling- und Ruländer, Müller-Thurgau- und Bacchusrebe grünen am blanken Pfahl, die 35 Stationen »Sehenswertes und Merkwürdiges vom Anbau und Leben des Weinstocks« sind kein Kreuzweg auf die Höhe einer Schädelstätte, der Weg führt abwärts über graublauen oder rötlichen Devonschiefer, lehrreich und lobesam an den numerierten Farbtafeln eines Curriculums entlang. Im Spazierengehen lernen wir, was ein bodenbildendes Gestein und was ein wurzelechter Weinberg, was eine Drahtrahmen- und was eine Pfahlunterstützung, was ein Reihen- und was ein Stockabstand, was eine Seilzug- und was eine Direktzug-Anlage, was eine Unterlagen- und was eine Klonenprüfanlage ist. In der Klimahütte schwillt brav der Quecksilbertropf, im Propfrebenfeld bewährt sich die widerstandsfähige Amerikaner-Unterlage.

O ja, wir lernen spielend im Vorübergehen die Taktiken der Frost- und der Schädlingsbekämpfung, die Strategien gegen Reblaus und Stare, doch erst wenn der Hubschrauber über den dichten Reihen kreist und seine Gifte sprüht, dann sind die Paragraphen des Lehrbuchs keine Sandkastenspiele mehr. Was ist Rebschnitt? Was ist Rebraffen? Was ist Rigolen? im Deutschherrenberg und im Deutschherrenköpfchen, im Burgberg und im Jesuitenwingert, im Benediktinerberg und im Thiergarten. O ja, auf einem Abendspaziergang lernt es sich leicht, wir laufen uns den Hunger in den Bauch und den Durst in die Kehle, und Horaz ruft zu Recht: »Jetzt ist es hohe Zeit, der Götter Polster auszuschmücken mit Saliarischem Mahl, o Freunde!«

Und tatsächlich, durch die ganze Olewiger Straße zieht sich der Duft nach gegrilltem Fleisch, vor jedem Weingut sind Tische und Stühle aufgestellt, Holzfeuer brennen, und die Schwenkbraten brutzeln auf den fettigen Rosten. Auf dem Parkplatz an der Wegkreuzung dreht sich ein

Kettenkarussell, vor dem Wirtshaus an der Ecke tanzt ein Pärchen zur Handharmonikamusik. Ringelspiel und Ringelpiez greifen auf die Straße über, und die Menschenschlange, die sich wegaufwärts zum Festzelt windet, drängt sich eng an die Markt- und Spielzeugbuden. Hier gibt es süße Spezialitäten, vom Besten das Beste, wie es heißt, gebrannte Mandeln und Magenbrot. Von unten her tönt Pfeifenklang, hoppla, Platz gemacht, die Winzertanzgruppe aus Fell marschiert durch die Straße, die Burschen haben ihre Schuhe blank geputzt und die Mädchen ihre Schürzen gestärkt.

Es ist heiß. Die jungen Rocker auf den Yamahas haben ihre Sturzhelme zu Hause gelassen, sie schieben ihre schweren Maschinen an die Bordsteine und knöpfen ihre Lederjacken auf. Ihre Mädchen tragen Bluejeans und die Büstenhalter ihrer Badeanzüge. Im Bach planscht ein Pudel, er läuft durch das gepflasterte Bachbett, springt auf den Fußgängersteg und schüttelt sein nasses Fell aus. Die Wasserperlen wirbeln durch die Luft und bespritzen eine Dame aus Essen, die eben aus ihrem Manta ausgestiegen ist. Die Dame ist ganz in Weiß gekleidet, sie trägt eine enge Hose und eine rosa Bluse darüber. In Gürtel und Haar steckt je eine Blume; die Blumen sind gleichfalls rosa gefärbt und stimulieren die Olewiger Männerwelt. Einer sagt: »Lo gucken se eich aan!« Und alle starren nach den rosa Plastikrosen. Schleppfüßig wälzt sich die Menge über das Pflaster, »bäurische Satyrn und Nixen des Wassers«, wie Ausonius, der Dichter des Trierer Kaisers Valentinian, in seinem Mosellied singt.

Jetzt sticht die Sonne nicht mehr so tief in die Schieferporen der Weinhänge, die Wärme hängt innen im Gestein und unter dem Segeltuch des Festzelts an der Straßenkehre. Die gelbroten Fahnen baumeln schlaff an den Masten; es sind die Herzen, die flattern. Das Festzelt braust wie ein Bienenstock.

Schon erklingt griechische Schlagermusik aus den Lautsprechern, Vicky Leandros und Costa Cordalis singen von griechischer Sonne und griechischem Wein, sollte sich die organisierte Veranstaltung in ein wüstes bacchantisches Gelage verwandeln? Aber da tönt, laut und mit ordnender Hand, deutscher Trommelschlag, zuerst hört man nur bum, bum, bumbumbum, dann auch die Trompeten, die Becken, die Klarinetten; das Zelt dröhnt, wie schön klang doch eben noch die Gitarre von Costa Cordalis!

Schon haben die Ehrengäste Platz genommen, da sitzen sie alle, die schönen Wein- und Rosenköniginnen: Da sitzt die Luxemburger Weinkönigin aus Grevenmacher, und da sitzt auch schon die designierte Trierer Weinkönigin Alice I. mit Prinzessin Elke aus Oberbillig, da sitzen die Königinnen von der Saar und von der Ruwer, die Trierer Rosenkönigin und Prinzessin Angela. Ein Tusch vom Podium, ein wilder Trommelwirbel, die Pfeifen gellen, die Trompeten scheppern, stürmisch applaudiert die Menge: Ein Hoch der stolzen Königin!

Ja, da schreitet sie in das Festzelt ein, ein Mädchen trägt ein Schild voran, damit jedermann sehen und lesen kann, wer da kommt: Ulrike I. – schweigend verharrt die tief ergriffene Menge. Die Königin ist blond und kräftig gewachsen wie Treberis, die Trierer Stadtgöttin im römischen Kalender auf das Jahr 354. Treberis, mit Helm und Schild und Lanze, ist gar nicht so martialisch, wie der erste Blick vermuten läßt. Sie trägt einen römischen Doppelrock über ihren muskulösen Beinen und läßt ihre rechte Brust aus der weiten Bluse gleiten. Becher und Schale, Kantharos und Trinkhorn schweben im Raum und ermuntern zum ausgelassenen Zechen. Ulrike I. trägt eine prächtige Krone und ein riesiges Weinglas wie Dornröschen im Theatermärchen. Jetzt schwingt sie das Zepter, und es wogt unter ihrem grünen Dirndlkleid. Die Kapelle

Pavillon am Petrisberg

auf dem Podium spielt die schneidigen Melodien, der Dirigent im Lockenkranz breitet seine Hände segnend über Glockenspiel und Klarinette, hoch über ihm an der Zeltwand thront Petrus mit dem Himmelsschlüssel.

»An der Mosel, an der Ruwer, an der Saar!« singt der »singende Kellermeister«, »an der Mosel, an der Ruwer, an der Saar/ Ist der Wein und sind die Mädchen wunderbar!« Der Festpräsident begrüßt nun auch die Königinnen von der Nahe und von der Pfalz. Die französische, die luxemburgische, die deutsche Fahne wehen schwesterlich an schlanken Masten. Herr von Nell sagt: »Es lohnt sich immer, für Bacchus aktiv zu sein.« Als nächster ist der Oberbürgermeister an der Reihe, der Protektor des Festes. »Liebreizende Majestäten!« ruft er, »sehr verehrte Vorprotektoren«, er zitiert Adenauer, den alten Ehrenbürger von Trier und sagt: »Wer keinen Wein mag, ist kein guter Mensch.«

O weh, jetzt müssen die Kellnerinnen doppelt geschäftig und dienstbar mit Kannen und Kantharoi hantieren. Sie rennen hin und her zwischen den Tischreihen, vertauschen die leeren mit vollen Flaschen, ja, wer möchte in diesem Augenblick kein guter Mensch sein? »Olewig, das Grinzing von Trier«, sagt der Oberbürgermeister, dann verbessert er sich und sagt: »Grinzing ist das Olewig von Trier.« Heftig droht er Petrus mit dem Finger, aber die Sonne hat ja wiedergutgemacht, was der Regen fast verdorben hätte. Noah hat sich einen Rausch angetrunken nach dem letztjährigen Dauerregen, des stürmischsten Applauses sicher, sagt der Oberbürgermeister: »Unser Tropfen ist so ehrlich wie die Menschen, die hier sitzen.« Die Trierer und die Olewiger schauen einander in die Augen, und keiner schlägt sie schamhaft nieder. Da kann auch der singende Kellermeister im blau-weiß gestreiften Kittel und blauer Schürze nicht länger still sitzen; er springt auf das Podium und kündigt lauthals die schöne

Regentin an. O du unnahbare Königin von Trier, Ulrike reckt wieder das Zepter, wieder wogt es über ihr grünes Kleid. Sie rezitiert Ausonius, ruft: »Berge mit Wein in prächtigem Zug! Welch reizender Anblick/ Hier, wo der Kamm des Gebirgs mit steilabfallenden Hängen/ Aufsteigt, Felsen und sonnige Höhn, und Buchten und Schluchten/ Rebenbekränzt aufziehn im natürlichen Amphitheater!«

»O Mosella!« ruft Ulrike aus und hält ihre königliche Rede. Sie vertritt ja »das schönste Gottesgeschenk, den Wein«, sie erinnert zwar an die mißlichen Witterungsverhältnisse und an die unselige Anpassung an den Europäischen Markt, »es gibt aber auch schöne Stunden«, sagt sie, ja, es ist ein schweres, jedoch auch ein überaus schönes Amt. Nun kündigt der Kellermeister den Höhepunkt an. Die Krönungsfanfare ertönt, Applaus und ein feierliches Raunen. Rita I., die deutsche Weinkönigin, krönt Alice, was für ein Augenblick für die ganze Familie! Das Zepter wechselt von Ulrike zu Alice über, und die Winzertochter erfüllt ihre erste Pflicht einer Königin: Sie hält ihre Thronrede. Ist Alice nicht die Botschafterin ihrer eigenen Erzeugnisse? O ja, und sie ruft: »Genießen Sie heute! Bleiben Sie aber dem Trierer Wein weiterhin treu!« Da spielt die Musikkapelle ganz beseligt: »Ein Prosit, ein Prosit der Gemütlichkeit!«, denn so ausgewogen und so herzergreifend hat bislang noch niemand gesprochen. Mag da die deutsche Weinkönigin länger säumen? Machtvoll ergreift sie das Wort und weist darauf hin, wie nötig es ist, den Menschen den Wein näherzubringen. Aber die Festgäste sind längst schon zusammengerückt und haben begriffen, daß der Wein mehr als nur ein Getränk ist. Rita I. darf bis zu den Römern, ja, sie darf bis zu den Griechen zurückgehen und sagen, der Wein sei eine dionysische Idee.

Da rücken alle Olewiger Satyrn an ihren Krawatten

und greifen verwegener nach den gefüllten Gläsern. Jeder schwenkt jetzt seinen Kantharos, und die Trierer Mänaden klopfen heftiger auf ihre Tympanons. Trinkhorn und Handpauke schlagen gegeneinander, und es lärmt durch das verrauchte Zelt. Sie sitzen bei Nektar und Ambrosia, während draußen die Nacht auf den Weinbergen liegt. Nymphen und Waldgeister, gehörnt und geschwänzt, schwärmen im Freien und folgen dem Olewiger Dionysos. Jetzt ist er noch heiter, bald aber fällt er in wahnhafte Raserei und ruft die Satyrn zum Tanz, ganz wie es im alten Hymnos heißt: »Er begann zu wandern ohne Unterlaß durch die waldigen Schluchten, mit Lorbeer bedeckt und mit Efeu. Und die Nymphen folgten seinem Zug, und der grenzenlose Wald widerhallte von ihrem Schrei.«

Auch ins Olewiger Festzelt ist der dionysische Hymnos eingezogen, denn es dröhnen die Pauken, und es klingen die Gläser im Potpourri des singenden Kellermeisters. Der ist ganz außer sich, fuchtelt mit den Armen, schlenkert mit den Beinen. Es perlt der Schweiß, es perlt der Wein, es perlt die Träne der dionysischen Raserei. In diesem Augenblick springt eine Winzertanzgruppe auf die Bühne, im Nu sind die Paare geordnet, ja, im Jahr der Olympischen Spiele haben auch sie eine bronzene Medaille errungen. Es leuchten die weißen Strümpfe und Blusen, die roten Westen, die schwarzen Hosen, die Röcke der Mädchen und die frisch gewaschenen Haare der Burschen fliegen, die Burschen blähen ihre Brust, und die Mädchen schauen kühn und herausfordernd auf ihre Hosenbeine. Das Schlußbild ist akrobatisch, mit Pirouette und Flugnummer wie in der Zirkusrevue. Vielleicht hat der Choreograph eine Idee zu hoch gegriffen, spanische Kastagnetten und holländische Holzschuhe zerteppern die sanfte Olewiger Weinseligkeit.

Am Ende winken die Mädchen mit roten Tüchern, die Geigen schwirren ätherischer, die Gläser klirren sylphidi-

Weinkelter am Palais Kesselstatt

scher, und der Tabaksqualm steigt zu Petrus an der Zeltwand auf. Schon schunkeln die Königinnen mit dem Magistrat, das Schunkeln greift über, und bald ist das ganze Zelt ein einziges Marionettentheater. Oh, so viele Königinnen auf einen Schlag gibt es nur beim Weinfest an der Mosel! Der Oberbürgermeister sonnt sich in ihrer Mitte, die Mosel-Saar-Ruwer-Königin neigt sich zu ihm hinüber, er nimmt artig die Pfeife aus dem Mund und antwortet ihr mit aufgeschlagenen Augen. Aber rasch setzt er das Glas an die Lippe und trinkt, vielleicht hat er noch keine passende Antwort gefunden.

Die Gebietsweinkönigin hilft ihm aus seiner Verlegenheit. Sie kann ihren Ausonius auswendig aufsagen, ja, immer noch ist Ausonius der klassische Sänger der Mosel, noch nach fast 2000 Jahren. Kaiser Valentinian hatte ihn zur Erziehung seines Sohnes Gratian nach Trier gerufen, Ausonius war aus Bordeaux gekommen, auch aus dem Wein, und hier im Moselland gedenkt er seiner Heimat und singt: »So auch malt sich die Rebe daheim in der goldenen Garonne.« Die Königin greift sein Wort auf und rezitiert weiter: »Arbeitsfreudiges Volk und emsig beschäftigte Winzer/ Tummeln sich bald auf den Höhn, bald eilen ins Tal sie hinunter,/ grölen dabei um die Wette wie närrisch.«

Die Rostwurst brät, die Koteletten schmoren, türkischer Honig und gebrannte Mandeln verlocken zur römischen *secunda mensa,* damit der Durst immer größer und der Rausch immer tiefer werde. Sind nicht schon den Tischgenossen nach römischer Sitte Blumenkränze ins Haar gewunden? Trägt nicht das Heer der Regentinnen die römische Traube am Gürtel? Das ganze Festzelt ist auf einmal ein lateinischer Palast mit Feuerwerk und Pantomime. Der Ausschank ist zum Schauspiel, das Trinkgelage zum Theaterstück geworden. Römische Ausschweifung hat um sich gegriffen, die bunten Glühbirnen an den

Elektrogirlanden sind tausend Sterne am lateinischen Nachthimmel.

Der rheinland-pfälzische Minister und der Oberbürgermeister, zwei römische Prätoren, haben jetzt die Jacken und Krawatten abgelegt, sie singen und schunkeln, sie greifen nach dem Mikrophon und recken die freien Hände in den Tabaksqualm. »Trink, trink, Brüderlein trink!« klingt es über die Tische hinweg, und das ganze Zelt bebt in seinen Grundfesten. Am Ende herrscht der HiFi-Klang des 20. Jahrhunderts, die Musikkapelle, die als rheinländisch-pfälzischer musikalischer Repräsentant in New York gewesen ist, intoniert die Glenn-Miller-Story mit Ruwer-Sound. Auf ihrem Trommelfell ist aufgemalt: »Ruwerthaler Qualitätswein Erzeugerabfüllung.«

Schon wanken die ersten bäurischen Satyrn mit ihren Nymphen aus dem Zelt, ein kahlköpfiger Silen lehnt am Mittelmast, eine schwer gegürtete Halbgöttin hält ihre Hand auf den Kopf eines gefesselten Germanen wie Treberis im alten römischen Kalender. Der Cicero vom »Trierischen Volksfreund« führt seinen Kugelschreiber schamlos über das Papier spazieren. Hat nicht schon der römische Cicero geschrieben: »Die einen werden wie tot davongetragen, die anderen bleiben besinnungslos auf dem Fußboden liegen; man könnte eher meinen, das Schlachtfeld von Cannae als das Gastmahl eines Prätors vor sich zu sehen!«

Der nächtlichen Probe folgt die sonntägliche Segnung des Weins. Die Kirche von Olewig ist vollbesetzt, die Ministranten, frisch gebadet und gekämmt, klingeln heftiger als sonst mit ihren Glöckchen, der Weihrauch duftet, die Orgel dröhnt, vielstimmig ist der Gesang. In den Glasfenstern über dem Altar sind zwei Brote und ein großer Kelch zu sehen, aber der Pastor sagt: »Wenn du nur an Essen und Trinken denkst, bist du verloren.« Heftiger duftet der Weihrauch, inbrünstiger singt der

Chor, der Pastor biegt das Mikrophon vor seinen Mund und betet laut.

Jetzt tritt die Weinkönigin mit ihren Prinzessinnen aus der Bank. Sie tragen zwei Flaschen Wein zum Altar und knien nieder, in herrschaftlicher Demut. »Segne, o Herr, diese Trauben«, ruft der Pastor aus, »segne, was Du uns zum frohen Genuß bescherst«, sagt er, als habe er sich eines anderen besonnen. Im nächsten Augenblick verwandelt er den Wein, theatralisch schwenkt er den Weihwasserkessel, tiefgebeugt beten Königin und Prinzessinnen, und die Blitzlichter des Fotografen erleuchten das festlich dekorierte Chor. Auch die Sonne wirft ihr Licht durch die Glasfenster, daß die Brote strahlen und der Wein im Pokale nur so glänzt.

Der Pastor, Symbolist, zeigt die Hostie und das gefüllte Weinglas vor, und mitten in den Spätsommermorgen sagt ein übernächtigter Satyr von der Mosel: »Wie der Herr, so's Gescherr!« Dann essen und trinken die Ministranten, feiert die Gemeinde das römisch-katholische Mahl. An der Kirchentür liegen Pfarrbriefe und Ehetraktate in einer Pappschachtel mit dem Aufdruck: »Wein vergoldet jeden Tag«. Draußen steht ein Pärchen, Hand in Hand, ein Junge und ein Mädchen in Schürzenhosen. Auf ihrer Hose ist eingestickt: »Hans« und auf seiner: »Grete«; es ist ein deutsches Paar, mitten im römischen Spätsommer von Olewig.

Eher denn Rom stand Trier

Weihnachtsbasar auf dem Hauptmarkt

Trier ist Troja. Wenn Heinrich Schliemann das gewußt hätte, er hätte sich die weite Reise sparen können und nicht in Hissarlik, in Orchomenos und in Tiryns nach den alten Stätten Ilions zu suchen brauchen.

Aber wir wollen uns nicht ins Bockshorn jagen lassen, denn zuerst ist es vielleicht nur ein Trierer, dem wir begegnen, dann kommt noch einer und ein dritter, aber der vierte ist sicher von der Mittelmosel, der fünfte aus Mönchengladbach, und der sechste ist schon ein Chinese, der siebte aus Botswana, und wenn Trier erst einmal seine schwarzen und seine weißen Pforten sperrangelweit geöffnet und zum Weihnachtsbasar auf den Hauptmarkt geladen hat, dann flaniert der ganze Erdkreis zwischen Simeonsstift und St. Gangolf.

Die Trierer Gastronomie disponiert mit internationaler Karte, vorherrschend ist der Bratwurstduft, doch rund um die Budenstadt regt sich ein dynamisches, ein geschliffenes Gewerbe. Brillat-Savarin braucht uns nicht zu fragen, was wir essen, um uns zu sagen, wer wir seien, o nein, die Weltläufigkeit hat ja alle erfaßt: Restaurants, Läden, Buden. Der »Domstein« überrascht mit der indischen Banane und der hawaiischen Ananas auf dem gebratenen Schnitzel, die »Nordsee« spült ihre Fische an den Trierer Strand, das Fischhacksteak »Wikinger« und das Seelachsfilet »Singapur«, UNICEF bietet ein länderübergreifendes Kinderkochbuch an, mit Rezepten für griechischen Spinatkuchen aus Thessalien und trojanischen Lammspieß von der türkischen Mittelmeerküste. Nürnberger Würstel sind für die Trierer, Trocken- und Schokofrüchte für die Mönchengladbacher, Lebkuchen und Stroopwafels für die Chinesen, und für die Leute aus Botswana braten die Trierer Budenfrauen Grombierschnietcher, schwimmend im Fett.

Es ist fünf Uhr am Nachmittag, die Zeit des größten Gedränges, aber am meisten drängt es sich beim Spielwarenhändler. Er steht da, keck und geschäftig, zieht die Feder des trommelnden Äffchens auf, drückt das Stützhölzchen zur Riesenfelge des Turners, setzt den Brummkreisel in Schwung und die Watschelente in Gang. Er zeigt die Automobile aus Holz, die Motorradfahrer aus Blech, und die Kleinen recken ihre Nasen über die Tischplatte. Sie starren mit großen Augen, der Händler aber trickst und zaubert, und es regen sich die Puppen in der Puppe und die magnetischen Insekten in der Glasdose.

Regen sich auch Bombenflugzeuge und Panzerkanonen, regen sich elektronische Maschinengewehre und Mittelstreckenraketen? Regt sich das Kriegsheer im hölzernen Pferd des Odysseus? Nein, Kriegsspielzeug ist keins feilgeboten auf dem Trierer Weihnachtsmarkt, wohl Zottelbär und Panthertier, aber nicht Musketier und Grenadier, nein, kein ganzes Kriegesheer möcht ich gerne haben. Und doch tönt die Melodie dieses wilhelminischen Weihnachtsliedes aus den Lautsprecherboxen, »Morgen kommt der Weihnachtsmann« tönt es, und es steigt uns ein längst vergessener Text aus der Kinderzeit ins Gedächtnis. »Trommel, Pfeifen und Gewehr, Fahn und Säbel und noch mehr!« sangen wir damals, aber eine Gruppe von jungen Leuten hat eine andere Melodie im Ohr. »Amsel, Drossel, Fink und Star und die ganze Vogelschar!« singen sie, und eine Frau, im dreiviertellangen Pelz, sagt: »Bei Euch piepts wohl.« Heißt es nicht wörtlich in den ersten Gesängen der »Ilias« an einer Stelle: »Zogen die Troer in Lärm und Geschrei einher wie die Vögel?« Hat nicht Homer gesungen: »So wie Geschrei hertönt von Kranichen unter dem Himmel«?

Ja, Trier ist Troja. Die Mauern wackeln, aber sie werden erst fallen, wenn Apollo den Pfeil des Paris in die Ferse eines moselanischen Achilles lenkt. Schon haben sich Karl Hans Riem und die Konzer Hammerwerfer angeschickt, ihre eisernen Kugeln über die Trierer Mauern zu schleudern, und es wird nicht lange dauern, bis die Sehnen schwirren und die Pfeile fliegen. Ein Achill aus Longuich wird den Trierer Hektor jagen, und ein Trierer Paris wird den Pfeil des Apollo akurat in die Longuicher Ferse befördern. O du empfindliche Achillesferse, o du reizbare Achillessehne, wie kostbar und unersetzlich sind doch diese beiden Fuß- und Gedankenteile, wie dauerhaft muß die Kunde ihrer Schicksale in die Köpfe der Nachgeborenen eingeprägt sein!

Herr Hector, der, den rächenden Atem des Achilles im Nacken, dreimal um die Stadtmauer gelaufen war, ist Technischer Postamtmann, und Herr Paris, der den Pfeil auf die empfindliche Ferse des Achilles abgeschossen hatte, ist Fernmelde-Obersekretär, zwei nachgeborene Vermittlungsspezialisten: nein, es braucht den Trierern um ihr trojanisches Erbe nicht bange zu sein, doch hätten sie wohl allen Grund, ihrer Treverer- eine Kassandra- und eine Äneasstraße hinzuzufügen. Was war noch mit Äneas? Entkam er nicht in letzter Minute aus Troja, ließ er sich nicht in Latium nieder, und Romulus, der Gründer Roms, ist er nicht sein legitimer Nachkomme? O ja, Rom ist das wiedererstandene Troja, und Trier ist das neugeborene Rom.

Inzwischen ist an allen Ecken und Enden des Marktes eine zarte Musik zu hören. Noch ist Pfarrer Levin mit seinem Trompetenchor nicht auf den Plan getreten und die vereinzelten Instrumente klingen dünn und eher wehleidig. An der »Nordsee« steht ein junger Mann mit langem Haar, seine Gitarre liegt ihm im Arm, den er ungeschickt auf die Saiten klemmt, und seine Mundharmonika trägt er an einem Gestell, das er sich um den Hals gehängt hat. »Kommet ihr Hirten!« singt er und greift fest, aber falsch in die Saiten. Die Halbwüchsigen ficht es nicht an, sie eilen herbei, klatschen in die Hände und werfen Geld in seine abgewetzte Pelzmütze. Neben dem Marktkreuz steht ein schmalbrüstiger Posaunist, er bläst »Süßer die Glocken nie klingen!«, und eine Gruppe junger Leute tanzt einen Reigen um ihn herum, ungeachtet des Sechsachteltaktes immer auf dem falschen Fuß. Ein Drehorgelmann mit einem Äffchen auf der Schulter steht gegenüber dem »Domstein«, das Äffchen trägt ein gestricktes Wollkleidchen, es lauscht und schmiegt sich an die Brust seines Herrn, es allein hat das Geheimnis des langsamen Walzers begriffen, und taktsicher wiegt es sich im weihnachtlichen Tänzchen von »Stille Nacht, heilige Nacht!«

Nun aber schlägt es fünf Uhr vom Turm, endlich tritt Pfarrer Levin mit seinem Trompetenchor aus der Grabenstraße und nimmt Aufstellung vor der preisgekrönten Weihnachtsbäckerei. »Kommt her, ihr Christen, all zu Hauf!« tönt es in den frühen Abend, die Trompeten schmettern, die Hörner schwärmen, die Posaunen dröhnen, und die Baßtuba mit ihren ergreifenden Kontrapunkten läßt die weihnachtlichen Schauer rieseln. »Es ist ein Ros entsprungen!« erklingt im vierstimmigen Satz von Praetorius, die prunkvolle venezianische Vokalpolyphonie ist auf Blech und Messing übertragen, machtvoll dröhnt der Generalbaß, und die Sammelbüchse scheppert im Rhythmus einer zeitgemäßen Perkussion.

O du schöner Weihnachtsbasar, wie vollkommen und rundum ergreifst du den Menschen und hüllst ihn in deinen Zauber ein, von vorne der Lichterglanz, von hin-

Marktkreuz

ten der Waffelgeruch, in den Ohren der Trompetenschall und im Magen der beseligende Glühwein von Frau Weines! »Wie schön leuchtet der Morgenstern!« jaulen die Posaunen, schluchzen die Hörner, wimmern die Trompeten, und auch uns kommt ein Schluchzen an, das bis hinter die Nürnberger Bratwurstbude, ja bis ganz hinten ins Morgenland zu hören ist. Schöner, leuchtender Morgenstern, wie du da über dem Morgenland scheinst mitten in der trierischen Nacht, sei uns gegrüßt, du mit deinen schlanken, trojanischen Rosenfingern!

In St. Gangolf ist Adventsvesper. Zwischen der Parfümerie und dem Hutgeschäft treten wir durch das barocke Tor in den Innenhof ein. Die blauen, die weißen, die roten Geranien, die im Sommer auf der Mauer und den Grabplatten blühten, sind längst eingegangen, auch die belgische Jugendgruppe mit ihren Rucksäcken ist nach Wallonien heimgekehrt, und in den Schaukästen am Kirchenportal wirbt das Kloster Arnstein nicht mehr zu einer Tagesfahrt mit religiöser Besinnung und anschließender Jugenddiskussion, die Ehevorbereitungskurse sind abgeschlossen, und auch das letzte Halali der St. Sebastianus Schützenbruderschaft von 1461 ist für dieses Jahr in den Wäldern hinter dem Sauerwassertal verhallt.

Es ist Vesperzeit, die Kirche ist vollbesetzt, hellerleuchtet, duftgeschwängert. Neben dem Kruzifix brennen die dicken Altarkerzen, es leuchtet der Adventskranz, grün die Nadeln, rot die Schleifen, gelb die Kerzen, das 19. Jahrhundert haucht kräftig herüber, so daß die spätgotische Altarpredella in einem so lieblichen Glanz erstrahlt, als sei sie eher ein Werk der frommen Lukasbrüder. Der Priester erscheint in bordeauxroter Robe, die Gemeinde erhebt sich, die Orgel bricht an, majestätisch ertönt es: »Macht hoch die Tür, die Tor macht weit!«

Die letzte Adventskerze sei angezündet, sagt der Priester, aber die Gemeinde weiß, was ihr bevorsteht, heftig fleht sie um Erbarmen. Nein, Bücher seien nicht jedermanns Sache, fährt der Priester fort, aber er meint nicht die Bibel und nicht das Gebetbuch, nicht moralische Traktate und nicht das Hausbuch mit den Heiligenlegenden, er spricht von Heinrich Böll und seiner Erzählung »Nicht nur zur Weihnachtszeit«, worin Tante Milla so tut, als müsse das ganze Jahr über Weihnachten und alles und jedes für ewige Zeit immer so schön und gemütvoll wie früher sein.

Der Priester spricht von Micha, dem Propheten, der kein Politiker, kein Sozialreformer, kein billiger Rattenfänger, aber ein Friedensmensch und deshalb eine Zumutung für die damalige Welt gewesen und für die heutige noch immer sei. »Er aber wird auftreten!« rief Micha, »und er wird unser Friede sein!« ruft der Priester von St. Gangolf; die Orgel dröhnt, die Schellen klirren, die Gemeinde spricht sich gegenseitig an und antwortet sich im vorgeschriebenen Wechselgesang. Die Türen sind hoch, die Tore sind weitgemacht, und für jeden Kirchgänger, der hinaustritt in den trierischen Adventsabend, ist auf der inneren Portalwand des Barocktors in roten Lettern zu lesen: »Trage Christus in die Welt!«

Aber an der äußeren Chorwand von St. Gangolf sind die Buden der Händler angebaut, und wer, mit Christus im Herzen, nur um die Ecke biegt, der fällt mitten in die Herde der goldenen Kälber. Unter grauem Schieferdach und rotweiß gestreifter Markise sind Kröten und Katzen, Igel und Blasmusikanten aus Holz und Porzellan zum Verkauf angeboten. An schmalen Stellagen hängen die Devotionalien, Dolche und Tabakspfeifen, weltliche und geistliche Motive greifen ineinander über, in gläsernen Halbkugeln, wenn man sie leicht bewegt, schneit es weihnachtlich über winzigen Porta Nigras. War es nicht Micha, der ausgerufen hatte: »Alle ihre Götzen sollen zerbrochen, und all ihr Hurenlohn soll mit Feuer verbrannt werden!« Hat nicht Micha, der Friedensbewegte, zornig gedroht und gerufen: »Und will alle ihre Bilder verwüsten, denn sie sind von Hurenlohn zusammengebracht!«

Jetzt ist der Markt ganz in Duft und Licht gehüllt und zum Schauplatz eines deutschen Weihnachtsgedichts geworden, in dem ja nicht nur gewünscht, sondern auch gewerkelt wird. Es duften die Duftkerzen, es glüht der Glühwein, es ziehen die Kerzenzieher, es bläst der Glasbläser. Die Weihnachtsplätzchen, die Lebkuchenherzen, die Islandwolle, die Plüschtiere, alle sind jetzt ganz besonders zart und fromm, nur der Glasbläser ist ein moderner Häretiker, er bläst nicht allein mit eigenem Mund, sondern auch mit dem Bunsenbrenner. Aber er darf sich der Neugierde des Publikums sicher sein, unaufhörlich wie eine göttliche Backe pustet die Flamme aus der Maschine, ja, wie eine göttliche Backe.

Auch die gelockten Engel auf dem Marktbrunnen blasen ihre Backen und die Löwen sperren ihre Rachen auf und ahmen das göttliche Hauchen nach. Auf den Stufen saßen im Sommer die letzten langhaarigen Musikanten mit Bongos und Gitarren. Ein bayrischer Zamfir in Lederhosen und schwarzem Filzhut auf dem Kopf blies auf einer Pansflöte, in den Papierkörben schwirrten die Wespen zwischen leeren Buttermilchbechern und Sektfläschchen von Söhnlein. Ein Junge vom »Europa Parkhotel« fuhr auf einem Fahrrad vorüber, zeigte ein Schild »Euro Tanz Treff« und bot Prospekte aus einem geflochtenen Korb an: »Schick muß nicht teuer sein!« hieß es auf der einen Seite, und auf der anderen stand: »Römertreff«, und ein gezeichneter Römer mit Toga und Lorbeerkranz saß hinter der runden Tafel des Restaurants im »Europa Parkhotel«.

O weh, auch im Sommer mußten die vier steinernen Tugenden ihre Insignien über die Köpfe der Trierer und ihrer Gäste halten: Justitia, die Gerechtigkeit, Schwert

Vor der Steipe

und Waage, Fortitudo, die Stärke, die gebrochene Säule, Prudentia, die Klugheit, Schlange und Spiegel und Temperantia, die Mäßigung, Wein und Wasser, und nur so, mit den Tugenden rund um den Brunnenrand, brauchte es den Trierern zu keiner Zeit bange um ihre Zukunft zu sein.

Die Trierer sind seßhaft, und sie sitzen gern. Im Sommer saßen sie überall, wo es etwas zum Sitzen gab. Auf dem Sockel des Marktkreuzes saßen junge Leute mit Schallplatten aus »Teldecs 1. Klasse Musikladen«, auf den Bänken saßen alte Leute mit dem »Trierischen Volksfreund« in der Hand und Schnauzern an der Leine, und in der Losbude saß ein zerfurchter Mann, der wie Charles Vanel aussah und die Lotteriescheine des Roten Kreuzes und der Verkehrswacht anbot.

Zwei Parfümerien und Apotheken liegen sich gegenüber, und gegenüber »Lewis Jeans Shop« liegt »McDonalds's«. Im Sommer verhieß das Schaufenster der Apotheke an der Steipe reinere Haut und gesünderes Haar durch natürliche Hefekuren, und McDonald's rief mit einem bunten Plakat: »Feier Deinen Geburtstag doch bei uns!« Zwölf- und Vierzehnjährige saßen bei Big Mäc und Viertelpfünder Cheese mit Happy Mäc Shakes und Pommes Frites, vor dem »Schwarzen Ochsen« und dem »goldenen stern« saßen Mütter und Matronen bei Kaffee und Kuchen. Die Rückenlehnen der weißen Plastikstühle auf der Steipenterrasse imitierten ein abgelebtes Rokoko, ein Junge las Lurchis Abenteuer, und ein kleines Mädchen bohrte seinen Zeigefinger in ein Stück Sahnetorte. Ja, die Trierer sind seßhaft, und ihre Gäste sind es auch bald geworden.

Gegenüber der Steipe liegt die Löwen-Apotheke. Unter dem vergoldeten Löwen, der auf dem Sims des Eingangs steht und wild die Zähne fletscht, ist zu lesen: »Älteste Apotheke Deutschlands, seit 1241«. Im Sommer war im Fenster eine Landkarte von Sebastian Münster zu sehen, sie zeigte die »Eyfalia« und den »Hunes Ruck« mit dem »Meien Feld«, dem »Yder-« und dem »Eberßwald«, die Wälder waren dicht belaubt, mit Buchen, deren Blätter alle einzeln gezeichnet waren, und jedermann, der diese Landkarte von Hunsrück und Eifel sah, glaubte daran, daß einst Wildschwein und Bär, ja daß vielleicht gar Drachen und Rhinozerosse hier ihre Wege kreuzten. Schwebte nicht im Sommer noch im Schaufenster des Kosmetikladens eine vergoldete Greifenklaue aus Kunstmetall über Bain Moussant von Calèche und trug einen geschmiedeten Reifen am Arm?

Auch die Sommererinnerung ist ein Märchenbild. Zwischen Marktbrunnen und -kreuz musizierten Cello und Flöte, das Flötenmädchen im blauen Pullover stand am Säulenschaft des Kreuzes, der Cellist saß auf einem Blumenkasten, sie spielten eine Sonate von Bach. Eine blonde Kellnerin mit Zopf und Brille lehnte gegen den Türpfosten des »Domstein«, die Abendsonne funkelte in ihren Brillengläsern, sie hielt die Arme verschränkt und lächelte still vor sich hin.

Da stand sie, wie Allerleirauh aus dem Märchen, das unter der Treppe in einem Ställchen schläft, Holz und Wasser tragen, Feuer schüren und das Federvieh rupfen, Gemüse auslesen und die Asche zusammenkehren muß und nur, wenn ein Fest im Schloß gefeiert wird, holt sie ihre schönen Kleider aus der Nußschale und geht zum Tanze in dem Kleid, das wie die Sonne glänzt, in dem Kleid, das wie der Mond leuchtet und in dem Kleid, das wie die Sterne schimmert. Ja, da stand Allerleirauh am Türpfosten des »Domstein«, ihre goldenen Haare leuchteten in der Abendsonne, und es hätte nicht länger verborgen bleiben können, wer sie war, wenn nur jemand sie auf der Stelle erkannt und wie der Prinz angesprochen hätte.

Jetzt ist es Winter, das Wintermärchen vom Weihnachtsbasar reicht nicht bis zu Allerleirauh und den Rhinozerossen hinab in die Tiefen der Vergangenheit, aber wie im allerältesten Märchenbuch sind die Häuser um den Trierer Hauptmarkt herumgebaut, und sie erzählen die wundersamsten Geschichten. Über den spitzbogigen, offenen Arkaden der Steipe erheben sich ihre drei Stockwerke und hinter dem Zinnenkranz das steile Zeltdach mit dem runden Türmchen an der Seite. Hört nur zu, die Steipe erzählt von Fest- und Trinkgelagen der Ratsherren, sie erzählt Ratsherrengeschichten, Ratsherrenlegenden mit Räuberpistolen und Jägerlatein, das noch weit hinter Allerleirauh und die Hunsrücker Rhinozerosse bis in biblische, ja bis in chaldäische Zeiten hinabreicht. Denn unter dem barocken Giebel des benachbarten Roten Hauses, über der zweiten Fensterreihe heißt eine Inschrift in goldenen Buchstaben: »Ante Romam Treveris Stetit Annis Mille Trecentis«, zu deutsch: »Eher denn Rom stand Trier eintausenddreihundert Jahre«, und die Trierer zählen zu Recht ihre trojanischen Tage.

Wenn es dazu in Abraham Saurs Städtebuch von 1658 wortwörtlich heißt: »Treveris, Trier an der Mosel/ eine Hauptstadt Galliae Belgicae, von Trebeta/ dem Sohn Nini Königs in Assyrien/ im 66. Jahr des Alters Abrahams/ ist heutigs Tags enger eingezogen und laufft das Wässerlein Weberbach mitten durch die Statt«, dann ergibt sich folgende Zeitrechnung: vom 21. April 753 vor Christus, als Romulus, ein Abkömmling des Äneas von Troja, seinen Bruder Remus erschlug, weil dieser ungebührlicherweise über die Mauer der eben gegründeten Stadt Rom gesprungen war, eintausenddreihundert Jahre zurückgerechnet, kommt man auf das Jahr 2053 vor Christus als genauen Zeitpunkt der Städtegründung Triers, woraus hervorgeht, daß Abraham nicht 175, sondern 225 Jahre alt geworden sein muß.

Der Benediktinermönch Beda datierte den Ursprung

Rotes Haus und Steipe

der Welt auf den 18. März 3952 vor Christus, Hieronymus zählte sogar 5198 vorchristliche Jahre zusammen. Wenn es analog zu Gottes Schöpfungstagen sechs Zeitalter der Welt gibt, und wenn vor Gott tausend Jahre wie ein Tag sind, dann hat die Welt 6000 Lebensjahre zu erwarten, das werden, nach Triers Jubiläum im Jahre 1984 nur noch 64 Jahre nach Beda sein, während nach Hieronymus die Welt schon 1182 Jahre untergegangen sein müßte, das heißt, im Jahre 802, zwei Jahre nach Karls des Großen Kaiserkrönung, 156 Jahre bevor Erzbischof Heinrich das Trierer Marktkreuz errichten ließ als ein Wirtschafts- und Herrschaftszeichen, und die Stadt hätte nicht Grund, 1984 ihr zweitausendjähriges, sondern hätte schon 1949 Grund gehabt, ihr viertausendjähriges Stadtjubiläum zu feiern.

Weihnachtlich raunt das trierische Jägerlatein, aber die Ratsherren sind nicht mehr in Rockhose und Spitzenwams, mit Puffärmeln und Federhut kostümiert, o nein, jetzt haben sie sich verkleidet, sind samt und sonders uniformiert, in Jeanshosen und Pullovern unkenntlich gemacht, und die Leute von der Mittelmosel und aus Mönchengladbach, die Chinesen und Botswaner lauschen ihren viertausendjährigen Geschichten bei russischem und indischem, bei nepalesischem und ostfriesischem Tee unten im Roten Haus und in der Steipe, deren Erdgeschosse vermittels eines Mauerdurchbruchs miteinander verbunden sind und die Gasträume des Café Bley bilden. Sie trinken Rosen- und Lotos-, Mango- und Mandeltee, sie trinken den Formosa Oolong und den Himalaja First Flush und lauschen dem trojanischen Seemannsgarn der Trierer.

Ein Herr mit silberner Zigarettenspitze hat unter einem mächtigen Ölgemälde Platz genommen, er schlürft einen Glühwein, während die Kühe auf dem Bild sich am Wasser eines Flußufers laben. Das Ölbild ist von einem Scheinwerfer angestrahlt, so daß die Beine der Kühe sich nicht nur gemalt widerspiegeln, sondern so echt, als stünden sie wirklich bis zu den Knöcheln im Wasser. Draußen vor den Fenstern gehen die Menschen vorüber, es regnet. Die Männer haben ihre Hüte tief in die Stirn gezogen, die Frauen halten ihre Schirme schräg gegen den Wind, es werden milde Weihnachten sein, ohne Schneegestöber und Eisblumen, nicht so anmutig mit Kinderjubel, Bratäpfeln und rechtzeitigem Schneetreiben wie in der Sperlingsgasse, als Wilhelm Raabe seine Feder ansetzte und die Chronik einer Straße zu schreiben begann.

Schon ist die Zeit vorangeschritten, die letzten Waffeln dampfen, noch einmal zieht der Spielwarenhändler den radelnden Clown auf, und während die Glasbläser und die Wendelsteiner Zucker- und Früchtebrothändler ihre Holzläden vor den Weihnachtsbuden herunterlassen, hebt Herr Nink seinen Taktstock, und eine italienische Hänsel- und Gretel-Oper geht über die Bühne der Aula von Schneiders Hof.

Das Friedrich-Wilhelm-Gymnasium hat zur Aufführung der Märchenoper »Pollicino« von Hans-Werner Henze eingeladen, Direktor Krapp dankt den Sängern und Spielern, den Schülern und Gästen, der Universitätsverwaltung für die großzügige Überlassung des Raums und der Firma Musik-Reisser für die kostenlose Leihgabe einer elektronischen Orgel, o ja, eine elektronische Orgel erklingt, der Vorhang öffnet sich, und eine Musik in Orffscher Manier hebt an, mit Blockflöten und Xylophonen, mit Pauken und Glockenspielen; Väter und Lehrer, Onkel und Tanten bedienen ihre Fotoapparate, es klickt und blitzt, die Mütter stehen auf den Zehenspitzen, sie schauen in die Tiefe der Bühne, wo ihre Kinder jetzt vor eine Projektionswand treten, und ein Junge, nebenan in der Reihe, sagt: »Setzt euch mal endlich hin und haltet die Schnauze, es gibt ein kulturelles Ereignis in Trier.«

Bald ist der ganze Saal in das Spiel mit einbezogen, die

Kinder kreischen, die Tanten niesen, die Onkel husten, die Stühle schleifen über den Boden und greifen in die Musik ein, und nach dem ersten Akt sagt der Junge: »Jetzt kommt das Zwischenspiel, da is nix zu sehn.« Und wieder kreischen die Kinder und scharren mit den Füßen, ja, wenn es nichts zu sehen gibt, dann schwadroniert die Fernsehgeneration, der Junge von nebenan sagt: »Dat Zwischenspiel is ja nit auszuhalten.«

O weh, Pollicino und Clothilde haben sich im Wald verirrt, die Eltern sind beim Feuer zurückgeblieben, sie haben die Kinder ausgesetzt, und der Menschenfresser droht schon mit Messer und Gabel. Es erklingt ein bewegtes Allegretto barbaro, der Menschenfresser wütet fürchterlich, nur die Tiere des Waldes sind den Kindern gut gesonnen. Die sieben Töchter des Menschenfressers schlafen im Stehen, sie stehen da, mit Masken vor dem Gesicht, Schlangen- und Schweineköpfe, und der Junge sagt: »Dat sind sonst hübsche Mädchen.« Sein Nachbar fragt: »Welches is denn die Karin?« und der Junge antwortet: »Wart ab, nachher ziehen sie ja die Masken aus.«

Jetzt aber treten endlich die guten Tiere auf, Fuchs und Hase, Wolf und Eule. Der Hase hüpft gravitätisch über die Bühne, die Eule bewegt die Arme, als seien es Flügel, sie bewegt sich graziös und tänzerisch, und der Junge sagt: »Dat is die Marion.« Da erscheint die Frau des Menschenfressers im langen farbenfrohen Kleid von Leonard, und plötzlich steht auch der Menschenfresser da, im schwarzen Anzug mit gelber Krawatte. Er bindet sich ein blutbeflecktes Mundtuch um den Hals, das Telefon klingelt, der Sekretär der Menschenfressergewerkschaft ist am Apparat, der Streik ist zu Ende, es darf wieder Menschenfleisch gerochen und gefressen werden, und der Menschenfresser, Allegro mostrose, singt: »Schnuffdi, schnuffdi!« Aber die Kinder fabrizieren Puppen, sie über-

Frankenturm

listen den Menschenfresser und fliehen in eine helle, verwandelte Welt. Auch die sieben Töchter sind gerettet, sie legen ihre Masken ab, und der Junge ruft: »Wat hab ich dir gesagt, die in dem weißen Kleid, dat is die Karin!«

Am nächsten Morgen ist der Hauptmarkt blankgeputzt und menschenleer. Der Regen hat in der Nacht nachgelassen, und ein leichter Schleier von Reif, wie das Spitzentuch der schönen Menschenfressertochter, liegt über Budendächer und Pflastersteine gebreitet. Pollicino und Clothilde sind längst aus dem Libretto und der Canzone toscana herausgetreten und sitzen an ihren Schultischen hinter Zirkelkästen und Logarithmentafeln, während der Menschenfresser gut und gerne vor dem »Domstein« oder hinter dem »Café Bley« auftauchen und, als Menschenfresser eher vom frischen Bratduft der Nürnberger und Thüringer Würste als vom Geruch der holländischen Waffeln oder der Trierer Grombierschnietcher angezogen, seinen Weg in die Dietrichstraße nehmen könnte.

Dort, in der Dietrichstraße, steht nämlich der Frankenturm, ein richtiger Menschenfresserturm, zyklopisch gebaut, mit gelbem Sandstein, horizontal von einer roten Ziegellinie gemustert, mit prachtvoller Doppelarkade oben, aber unten mit enger Schlupfpforte, durch die sich der Menschenfresser gerade mit Mühe hindurchzwängen konnte. Es ist der Wohnturm des Ritters Franko von Senheim aus dem 11. Jahrhundert, als die Menschenfresserei noch gang und gäbe und das Hexenverbrennen auf kunstvoll geschichteten Holzstößen gerade erfunden worden war. Aber das Hochmittelalter hat seine Programmatik transzendiert: obwohl das Ankleben von Plakaten verboten ist, ruft ein Handzettel an der Holztür des Frankenturms zum 3. Jahrestag des Nachrüstungsbeschlusses die Atomgegner ins »Krokodil«, wo Professor Dosch aus Mainz und Frau Schläger vom Deutsch-Französischen

Komitee gegen Giftgas und Atomraketen zum Thema »Die chemische Nachrüstung« sprechen.

Hinter dem nackten Quader des Frankenturms liegt der verkleidete Quader von »Horten«, und hinter diesen silberglänzenden Plastikvierecken mit den geknickten Doppeldreiecken, deren Grundlinien einmal horizontal, einmal vertikal in den Quadraten stehen, geschehen die merkantilen Tauschvorgänge, die in den Kombinationen der Verkleidung symbolisch vorgebildet sind. Unter der »Horten«-Wand hindurch geht es zum »Volksfreund-Haus«, wo die Redakteure redigieren, die Umbrecher umbrechen, die Drucker drucken und die täglichen Botschaften für das Trierer Land vor- und auf- und zubereiten. Hier ist der Nikolaus-Koch-Platz, benannt nach dem Buchdruckereibesitzer und Gründer des »Trierischen Volksfreunds« und aller nachfolgenden dynastischen Nikoläuse.

Gegenüber dem Volksfreund-Haus liegt das Amts- und Landgericht, ein geometrischer Zweckbau für die schöne Justitia. Über der dreitürigen Eingangspforte sieht man an künstlerisch gestalteter Wand Leute beim Obstbau und den Finger Gottes, wie er aus den Wolken auf Moses Gesetzestafeln zeigt und den Römer, wie er das Liktorenbündel auf der Schulter trägt. Sie haben Justitia in die Mitte genommen, und da, zwischen Orient und Okzident, fühlt sie sich gut geborgen. Sie hält Waage und Schwert in der Hand, und trotz ihrer verbundenen Augen sieht sie gar nicht ängstlich und vorsichtig drein wie jemand, der voller Skrupel Blindekuh spielt.

An der Stirnseite des Platzes, vor der Mauer der Alten Universität, steht der Trebeta-Brunnen. Morgenland und Abendland sind auch hier, in Gestalt zweier bemalter Standfiguren, allgegenwärtig. Romulus und Trebeta haben auf dem dreieckigen Giebeldach, über der Inschrift: »Antiqui Treviri Romanorum Socii«, zu deutsch: »Die alten Trierer, die Bundesgenossen der Römer«, Position bezogen: Romulus im römischen Rock, Trebeta im orientalischen Kaftan. »Aeneus Sylvius bezeuget auch/daß diese Statt Trier gebawet sey/schreibet auch/daß diese nachfolgende Verß in der Statt außgehawen und abgeschrieben worden sind«, schreibt Abraham Saur in seinem Städtebuch, und er fügt die Verse hinzu:

»Nini Semiramis quae tanto conjuge felix,
Non contenta suis nec totis finibus orbis,
Expulit à patrio privignum Trebeta regno,
Insignem profugus, nostram qui condidit urbem.«

Zu deutsch:
»Semiramis, zwar beglückt mit bedeutendem Gatten, dem Ninus,
nie zufrieden mit eigenem Land noch mit allen der Erde,
jagte den Stiefsohn hinaus aus dem Reich seines Vaters, mit Namen
Trebeta, der auf der Flucht unsre glorreiche Stadt hat begründet.«

Also war der bedrängte Trebeta aus Assyrien geflohen, weil seine Stiefmutter Semiramis ihn zum Gemahl begehrte, er war durchs trojanische Meer geschwommen, über das griechische Meer gefahren, hier im Trierer Trebeta-Brunnen, über der prächtig gemeißelten Muschelschale, ist noch immer der Kopf Neptuns zu sehen, sein Netz und sein Dreizack und der Hummer mit den großen Scheren, ja, wenn Neptun seine stürmischen Pferde und die übermütigen Tritonen nicht besänftigt hätte, wer weiß, Trebeta wäre vielleicht nie übers Meer gekommen, um hinter wüsten Gebirgen und weglosen Wäldern im lieblichen Tal der Mosel die Stadt Trier zu gründen. Ja, Neptun war sein letzter Halt, seine letzte Hoffnung; die

Kneipe an der Ecke Walramsneu- und Dietrichstraße heißt »Zur letzten Instanz«.

Im Pfarrhaus in der Dietrichstraße wohnte Goethe auf dem Hinweg zur Campagne in Frankreich, und auf dem Rückweg kehrte er, da das große Haus und weitläufige Gehöft ihn und seine kompendiöse Equipage freundlich und bequemlich aufnahm, wie er selbst sagt, wieder bei dem netten Kanonikus ein. Er bog, nachdem er das Bildwerk von Igel und alle anderen Trierer Kirchen und Kapellen, Klöster und Konvikte, Kollegien und Türme innerhalb sowie die Abteien, Stifte, Kartausen außerhalb der Mauer gesehen hatte, mit harmonischer Gebärde die Polaritäten zusammen, Leben und Tod, Gegenwart und Zukunft und sah sie untereinander im ästhetischen Sinne aufgehoben, Kunstwerke erschienen wie Naturwerke und Naturwerke wie Kunstwerke, auch die Wirtstafel gab ein sinneverwirrendes Schauspiel, nach dem erquicklichsten Bad erschienen Brot und Wein auf dem Tisch, und Goethe, mitten in Kunst und Leben geborgen, sagte: »Das Ganze ist höchst erfreulich.«

Im »Saint Malo« am Stockplatz, hinter der bombastischen Fassade der Jahrhundertwende, haben sich die Bade- und Tafelfreuden der Goethezeit in Sonnenstudio, Aerobic und Sauna, in flirrendes »Disco Magic« des 20. Jahrhunderts verwandelt. Über der geschwungenen Eingangspforte sitzen zwei efeubekränzte Schönheiten aus Sandstein, trierisch pausbackig und kurzbeinig, mit Weinflasche und Römer in der Hand. Hier hört man schon des Dorfs Getümmel, denn durch die gewinkelte Judengasse sind es nur ein paar Schritte unter dem gewölbten Tor hindurch auf den Marktplatz zurück. Noch liegen die Mönchengladbacher in ihren Hotelbetten, aber die Chinesen und die Botswaner sind schon auf den Beinen und kreisen lüstern um den Zeitungskiosk.

Gibt es, wo der ganze Erdkreis flaniert, »Dagens Nyheter« und den »Corriere della Sera«, »de Volkskrant« und »Le Monde«? Gibt es den »Herald Tribune« und den »Figaro«, den »American Statesman« und die »Saarbrücker Zeitung«? Zwölfmal rund um den Kiosk herum ist zu lesen: »Trierischer Volksfreund«, in fröhlicher, blauer Fraktur, aber in den Regalen für die »Süddeutsche Zeitung« und das »Handelsblatt« liegen »Science Fiction«- und »Erika«-, »Jerry Cotton«- und »Lore«-Romane, »Quick« und »Stafette«, »Asterix« und »konkret«, »Vif« für den Herrn in der Midlife-Krise und das »Sonderheft Strickmode« für seine besonnene Gemahlin. Die Chinesen, gründlich und geschichtsbewußt, blättern in den »Asterix«-Heften, die Botswaner, die lieber der hautnahen Realität ins Auge blicken, haben »konkret« aufgeschlagen, und die Mönchengladbacher, eben gesättigt von trierischen Frühstücken, kaufen sich »Quick«, worin es handfest und üppig wie in ihren Frühstücken zugeht. Schon wieder riecht es nach Mandelbrot und Menschenfleisch, und der Erdkreis ergötzt sich an der Fülle des Angebots. Trier ist Troja, und die Trierer sind Trojaner. Ihnen schwillt das finstere Herz von der Galle, sagt Homer, und er hat recht. Wenn nur jemand die anmutstrahlenden Augen, den lieblichen Nacken, den wallenden Busen und erst recht das silberglänzende Nachtgewand einer Aphrodite ins Spiel bringt, dann rüsten sie ein Kriegsheer.

Aber Hephästos, den Gott des Feuers, kümmern nicht Kriegs- und Liebesspiele, er pustet in die Glut der Bratfeuer; es glimmt und sprüht, auf den Rosten brutzelt es und dampft, Hephästos bläst die Backen auf, und die Flamme streicht zärtlich um Würste und Töpfe, liebkost die Haut der Würste und den Schmelz der Töpfe, daß das Fett nur so spritzt und dem lüsternen Erdkreis das Wasser im Munde zusammenläuft.

Er hört nicht das unauslöschliche Gelächter der Götter, die sich auf den Schenkel klopfen und sich lustig machen über ihn, wie er mit vollen Backen ins Feuer bläst und zusieht, wie gierig die Flamme weht, wo es vielleicht aufschlußreicher für ihn wäre, nachzusehen, wie lustvoll das Nachthemd Aphrodites weht.

Ihr verlangt Spiele, ihr wollt Feste!

Wallfahrt in die Wälder, Schlachtenbummel ins Stadion

Brot und Spiele! rief Juvenal, der römische Satiriker, und mit diesen drei Worten geißelte er, kurz und bündig, scharf und geschliffen, wie es sich für einen Satiriker geziemt, was das Volk bewegte und was Kaiser Trajan schon erkannt hatte, als er sagte, das römische Volk könne nur durch zwei Dinge im Zaum gehalten werden: daß man ihm genügend zu essen gebe und ihm haarsträubende Schauspiele biete. Panem et circenses! schrieb Juvenal, wörtlich: Brot und Zirkusspiele, und danach geht ja heute noch das Begehren aller.

In Trier gibt es die Peter & Paul-Messe auf dem Viehmarkt mit Fliegendem Teppich und Petersburger Schlittenfahrt, und da gibt es das Moselfest am Zurlaubener Ufer mit Fischerei und Feuerwerk, in Trier gibt es das Weinfest in Olewig mit Trinkgelagen und Gesellschaftstanz, und da gibt es die Blumentage in Nells Ländchen mit Rosenkorso und Reiterspielen. Aber rufen die Blumentage die lateinischen floria herauf, beschwört das Weinfest die antiken Bacchusfeiern, ist das Zurlaubener Preisfischen den römischen ludis piscatoribus vergleichbar?

Sonntag ist Feiertag, der Tag des Herrn, wie es der Schäfer, der allein auf weiter Flur niederkniet, im Gedichte sagt, das die Alten noch gelernt und es dem Schäfer gleichgetan haben. Und wenn Kirmes oder Erntedankfest gefeiert wurden, dann war immer Sonntag. Die Trompeter bliesen im Festzug, die Schiffschaukelbremser schoben ihre Mützen ins Genick, und am späten Sonntagnachmittag, nach Kaffee und Kuchen, gab es einen Auslesewein von der Mittelmosel oder sogar einen Likör. Später, noch vor dem Anbruch der Fünftagewoche, wurde der Samstag, der letzte Tag der Woche, oder, wie die Norddeutschen sagen, der Sonnabend, der Vorabend des Sonntag, zum Feiertag erklärt, und im Augenblick sieht es so aus, als rücke der Freitag zum Feiertag auf.

Nicht so beim Trierer. Der Trierer ist ein Montagsmensch, am liebsten feiert er nicht feiertags, sondern montags. Er feiert samstags mit halber Kraft, ruht sich sonntags aus, damit er montags mit doppelter Kraft in die Festlichkeiten zurückkehren kann. Der Trierer ist, kaum mit dem Leben davongekommen, aufs Feiern versessen. Schon in der Mitte des 5. Jahrhunderts, als Trier, zerstört, verbrannt, verelendet am Boden lag, die Leichen von Vögeln zerrissen und von Hunden zerfleischt, da verlangten die Überlebenden nach Spielen, nach Festen, nach dem trierischen Feiertag.

Salvian, der gallische Rechtsgelehrte, der trierische Kirchenschriftsteller, ruft den Trierern zu: »Spiele also verlangt ihr zusammengeschlagenen Trierer nach dieser Niederlage, nach diesem Blutvergießen, nach all dem Morden und den Verwüstungen? Das Theater sucht ihr, den Zirkus fordert ihr von den Kaisern! Aber für wen denn? Für die Toten, für die Gefangenen, für die Kranken und Sterbenden? Spiele verlangt ihr Trierer! Wo sollen sie denn gehalten werden? Auf den Gräbern der Toten? Auf den Brandstätten der Häuser? Auf den Gebeinen der Erschlagenen? Denn wo ist ein Ort frei von diesen entsetzlichen Dingen? Überall tritt einem der Anblick einer eroberten Stadt, überall das Bild des Todes entgegen. Die Reste des unglücklichen Volkes der Trierer liegen auf den

Grabstätten der Toten, und doch verlangt ihr Spiele? Die Stadt ist geschwärzt von der Feuersbrunst, und ihr wollt bunte Feste? Alles trauert, und ihr wollt fröhlich sein? Wenn drei Zerstörungen euch nicht gebessert haben, dann verdient ihr, in einer vierten vernichtet zu werden.«

Aber beim Tanzen und Schmausen, beim Trinken und Schweifen sinnen die Trierer schon wieder auf Abhilfe und fassen den Aufbau ins Auge, die Restaurierung und Ausputzung, die Planungen zu neuen Festen, die Entwürfe zu neuen Spielen. Ihre Wallfahrten gehen in die Wälder, ihre Schlachtenbummel ins Stadion, aber beim Hinauspilgern treffen sie in ihren Köpfen die Vorbereitungen, wie's nach der Rückkehr weitergeht. Die feierlichen Unternehmungen der Trierer sind in sich selbst umgedrehte Vorgänge, ihre Wallfahrten sind Festzüge zu Tortenschlachten und ihre Schlachtenbummel Gänge zu heiligen Stätten. Beim Ausbau der Straßen und Plätze denken sie schon an den 20km-Stadtlauf zur Zweitausendjahrfeier, und beim Torwandschießen beim Altstadtfest vor der Porta Nigra geht es um Bausteine für den Wiederaufbau des Weißhauses. Ja, das Weißhaus, Triers Kleinod, darf nach all den Verwüstungen und Zerstörungen nicht als ein Trümmerhaufen liegen bleiben, o nein, die Trierer brauchen es zum Feiern.

Dem Zurlaubener Ufer gegenüber, auf steilem Sandsteinfels, liegt das Weißhaus, ein Wanderziel der Trierer, ein Trierer Wallfahrtsort. Wilhelm von Haw, Triers Oberbürgermeister vor 120 Jahren, hatte das klassizistische Herrenhaus anstelle eines Weißhäuschens erbauen lassen, später ging es in den Besitz des Prinzen Heinrich der Niederlande über, aber nach dessen Tod, als das Gut parzelliert und das Haus verkauft werden sollte, scharten sich die Trierer zusammen und riefen zur Rettung ihres Kleinods auf. »Trier ohne römische Alterthümer und ohne Weißhaus ist nicht denkbar; die Reste der antiken

Pracht und Größe und die Reize der herrlichen Natur sind es, welche unzertrennbar mit dem Namen der Stadt Trier, mit den frühesten Jugenderinnerungen seiner Einwohner, mit den liebsten Gewohnheiten seiner Bürger verknüpft sind«, schrieb die Trierer Tageszeitung, und sie legte die Absicht eines Komitees dar, durch Gründung eines Weißhausvereins finanzkräftige Bürger zum Kauf zu bewegen.

»Die Absicht ist«, hieß es damals in der Zeitung, »bis zu einer entsprechenden Höhe der ganzen Kaufsumme Antheilsscheine am Eigenthume à 100 Mark auszugeben und den Rest durch eine Verloosung und Veräußerung der entbehrlichen und abgelegenern Grundstücke zu beschaffen.« Das Weißhaus wurde erhalten, aber die Rettungsaktion mußte sich hundert Jahre später wiederholen. Im Augenblick blüht die Baustelle wie die Kulisse eines Science-fiction-Films, moosgrün der Bauwagen, mohnrot der Bauzaun, apfelsinenfarben der Baukran. Ja, das Weißhaus wird wieder gerettet werden, und schon spazieren die ersten Ausflügler durch die alte Tannenallee, durchqueren das eiserne Tor, steigen auf den Treppentritten zur Aussichtskanzel hinauf. Noch ist der Weg nicht geharkt, noch glänzt das Schmiedeeisen von Mennige, noch sind die Sandsteinstufen glatt und abgetreten. Aber schon schwebt wieder die Gondel der Kabinenbahn über die Mosel und trägt die sonntäglichen Wallfahrer in ihren heiligen Wald. Sie steigen zum Kestenberg empor, klettern auf den Dickfels, schweifen über die Häselwiese. Ein Trupp Pfadfinder kommt quer durch den Wald daher, die Hüte leuchten zwischen den Blattknospen, die Stiefel versinken in den Kuckucksblumen. Vor dem Drachenhaus richtet einer seinen Wimpel wie einen Pfeil nach dem Dach. Der Drache auf dem Drachenhaus ist geflügelt, seine Schwanzspitze endet in einem Pfeil, und auch seine Zunge ist ein Pfeil. Auf dem Holztürmchen mit den

Genovevahöhle

Jalousien dreht sich die Wetterfahne, ja, auch sie ist einem Pfeil nachgebildet, und mit einem Mal scheint die friedliche Wandergruppe ein Aufzug von Kriegsleuten in einem martialischen Environment zu sein, so blitzt es von Pfeilen.

Der Trupp marschiert zwischen den Nußbäumen des Fahrwegs, auf dem Generalmajor von Stuckrad 1892 bei einem Spazierritt vom Pferd fiel. Er fand den Tod, es war ein Unglück, der Name der Straße erinnert an ihn. Aber die Pfadfinder gehen fröhlich darüber hinweg, sie können es nicht wissen; wie ein Popart-Ensemble stehen sie für einen Augenblick am Waldrand, eine Schar frommer Betbrüder oder eine Rotte von Marodebrüdern, wie von Kienholz montiert, dann tauchen sie ins Dunkel unter, und nach einer halben Minute hört man volkstümlichen Gesang. »Als die Römer frech geworden«, tönt es aus dem Wald, und wie ein fernes Echo kommt daher: ». . . zogen sie nach Deutschlands Norden«, und dann verschluckt das Gewirr der Äste Töne und Text.

Eine fröhliche Kaffeegesellschaft zieht zum Kockelsberg hinauf, Familienväter, die ihre Jacken über den Rücken tragen, aufgepflanzt auf den Spitzen ihrer Spazierstöcke, Mütter mit ledernen Handtaschen und Kinder in bunten Plastikanzügen. Die Gesellschaft dringt mit Getöse durch die Glastüren des Restaurants vor, es sind Tische reserviert, entlang der hohen Fenster, aus denen der Blick über Türme und Dächer der Stadt geht. Der Kellner, mit schwarzer Fliege auf weißem Hemd, nimmt die Bestellungen auf, es gibt Käsekuchen und Rahmkuchen, schwedischen und gedeckten Apfelkuchen, die Erdbeertorte ist ausgegangen, aber vom Rhabarberkuchen sind noch zwei Stücke da.

Die Kinder trinken Schoko und Coca Cola, die Erwachsenen bestellen Kaffee. »Tasse oder Kännchen?« fragt der Kellner, einige wollen eine Tasse, andere ein

Kännchen Kaffee trinken, und während die Kinder ihre Schokolade schon ausgetrunken und ihren Kuchen schon bis auf die Randstücke gegessen haben, steht ein Vater mit einem Verwandten aus der Eifel auf der Terrasse und zeigt über die Waldschlucht nach der Stadt. »Dat Gelbe, dat is Paulin«, sagt er zu seinem Schwager oder Vetter oder wer es sonst sein mag, »Paulin is frisch restauriert, innen und außen, die is echt sehenswert, da geh ruhig mal rein.« Über dem Petrisberg ragt der Fernsehturm mit rotweißer Spitze wie ein Wegkreuz der Riesen auf, linkerhand leuchtet die rote Muschel eines Radarschirms, das blaue Blechschachtelwerk der Universität, die grüne Schüssel des Avelertals. Dahinter schwingen sich die Hänge des Hunsrücks ins Blau des Aprilhimmels, mit winzigen Dörfern auf den Höhen.

Am Nebentisch sitzt ein Liebespaar wie aus den »Straßen von San Francisco«, eine junge Frau in hochgeschlossenem Pullover, ein graumelierter Endfünfziger mit gestutztem Schnurrbart und aufdringlichen Gesten. Er nimmt ihre Hand, die sie ihm widerstrebend überläßt, und zeigt mit ihr nach dem Panorama, als hätte er es in diesem Augenblick für sie erfunden. »Ich bin Strohwitwer«, sagt er und streichelt ihr begehrlich über den Ellbogen. Aber die Kinder der Kaffeegesellschaft, die eben ihre Löffelchen und Gäbelchen aus dem Mund genommen haben, springen von ihren Stühlen auf, zwängen sich an den Erwachsenen vorbei, stoßen den Tisch des benachbarten Paares an und stürzen auf die Terrasse. Der Kaffee des Herrn mit dem Schnurrbart ist über den Tassenrand geschwappt, der Ellbogen der Dame hat Sahne abbekommen, der Herr sagt: »Schade.«

Später, vor der Eingangstür, nimmt er noch einmal einen Anlauf. Er zeigt nach dem Sgraffito an der grob verputzten Mauer, das den heiligen Jakobus darstellt, aber was will er erklären? Wieder redet er auf sie ein, wieder nimmt er ihre Hand, wieder zieht eine Gänsehaut über ihren Ellbogen. Woher kommt's, daß er so unermüdlich seine Finger spazierenführt, woher kommt's, daß sie so verzagt den Pulloverärmel über ihren Ellbogen streift? »Kommt's nicht daher: aus euren Wollüsten, die da streiten in euren Gliedern?« fragt Jakobus, aber diese beziehungsreiche Frage sieht man dem Sgraffito nicht an.

An den alten Knorreichen vorbei führt der Weg hinüber zu Schusterskreuz. Hier traf Heinrich Umscheiden, den Stiftskellner von St. Paulin, Ehrenmeister der Trierer Schuhmacherzunft, 1745 der Schlag, als er zum Steuereintreiben unterwegs war, ein Bildstock erinnert daran. Rasch verzweigen sich von hier aus die Wege nach allen Seiten: hinunter zum Weißhaus, hinunter zum Altenhof, hinunter ins falsche und ins richtige Biewertal, an Schneidersmühle vorbei, hinauf zur Dicken Buche ins Waldgebiet der Genovevahöhle; und zu allen Wein- und Fischerfesten, zu Geburtstagsfesten in Ausflugslokalen und Waldfesten in Schutzhütten kommt das Wiedersehensfest für Genoveva hinzu.

Wenn man von Butzweiler aus zur Höhle hinabspaziert und es ist Vorfrühling und ein scharfer Wind bläst über die Höhen, dann ist die Landschaft bleiern wie auf den Krähenbildern, die van Gogh in seinen letzten Lebenstagen gemalt und gezeichnet hat in Auvers. Die Ackerkrume ist von einem kräftigen, fetten Rotbraun, die Krähen sitzen in den Wipfeln einer Baumgruppe, krächzen und konspirieren, es klingt wie das Schnarren einer Ratsche. Ein Bussard sitzt auf einem Pfahl, mit hohlem Kreuz wie ein preußischer Generalfeldmarschall, mit verkniffenem Gesicht wie der Reichsadler im Hof des Jesuitenkollegs. Am Rand des zerklüfteten Tals beugen ein paar gebeutelte Kiefern ihre Zweige über Weiden- und Holundergebüsch. Im Wald führt ein Pfad abwärts zu einem ausgeschilderten Kreuzweg; Burg Ramstein, Kyllufer,

Zurlaubener Ufer

Genovevahöhle sind beziffert und bezeichnet. Die Stämme gefällter Buchen liegen übereinander, die Rinde ist gesplittert, das Kernholz mit eisernen Krampen beschlagen. Eine Schutzhütte ist über und über mit Inschriften bedeckt, von Marco und Bimbo, von Zorro und Nils Holgersson. Ein pantheistischer Jäger hat sein Credo eingegraben, vielleicht darf er auf Gnade und Vergebung hoffen. Sein Glaubensbekenntnis lautet:

»Man glaubt, der Jäger sei ein Sünder,
weil selten er zur Kirche geht.
Im grünen Wald ein Blick zum Himmel
ist besser als ein schlecht Gebet.«

Über freigeschwemmte Wurzelknorren, die wie abgetretene Treppenstufen kreuz und quer übereinander liegen, stürzt sich der Pfad in einem Hohlweg in die Tiefe. Dann, plötzlich, stehen beiderseits schroffe Sandsteinfelsen gegen eine Mulde. Rechterhand, wie von Kubin gezeichnet, öffnet sich der Fels hinter gekerbten und gewellten Säulen zu einer mächtigen Halle. Die Säulen sind ausgewaschen, teils rundgerieben, teils flachgespült, von Rissen und Schrunnen zerschrammt, manchmal schwingen sich bizarre Balkone, modellieren sich kuriose Greisenköpfe aus dem Stein, mit blaugrauen Flechtenbärten, moosgrünem Schuppenhaar. In den rotbraunen Fels sind rostfarbene und honiggelbe Lagen eingezogen, der seltsam geformte Stein türmt sich auf, wölbt sich vor wie organisches Gehäus, wie Bienenwaben, Wespennester, Termitenbauten. Über den Stein springt das Wasser einer Quelle, rinnt ins Gestrüpp und fließt in die Mulde hinab. Die Höhle ist tief ausgeschwemmt, ein runder Saal, in dem die Gelehrten steinzeitliche Wohnstätten vermuten.

Aber die Sage hat hierher den Zufluchtsort der Genoveva verlegt, der tugendhaften und schönen Gemahlin eines Grafen aus dem trierischen Lande, wie es das Volksbuch erzählt. Der Graf hatte den Ruf König Martells gehört, die Waffen gegen die Mauren gegürtet, seinem Hofmeister die Gemahlin zur Obhut zurückgelassen. Aber der arglistige Golo täuschte schmählich das Vertrauen des Herrn; als er die Frau nicht für sich gewinnen konnte, schwärzte er sie an mit falschen Botschaften, warf sie ins Gefängnis und beschloß ihren Tod. Doch die Knechte hatten ein Einsehen, im Walde stachen sie einem Windspiel die Augen aus und überbrachten sie Golo zum Beweis ihrer Tat. Genoveva irrte in der Wildnis umher, mit Schmerzensreich auf dem Arm, ihrem Söhnchen, das sie im Gefängnis geboren hatte.

»Endlich den dritten Tag, als sie noch tiefer in die Wildnis hineingegangen war, fand sie im Felsgestein eine Höhle und nächst dabei eine kleine Quelle«, erzählt das Volksbuch, die Baumzweige und die Blätter, aus denen sie sich ein Bett gemacht, die Wurzeln und Beeren, die sie zur Nahrung genommen hatte, sind immer noch zu finden, und auch die Hirschkuh, die täglich aus dem Dickicht trat, um das Kind zu säugen, streift immer noch in der Nähe durchs Unterholz. »Ihre Grafenwohnung hatte sie mit der wilden Einöde vertauscht, ihr schönes Zimmer mit einer finsteren Kluft, ihre reichbeladene Tafel mit wilden Kräutern, ihre Kammerjungfrauen waren die unvernünftigen Tiere; statt auf ihr reiches Ruhebett legte sie sich des Nachts auf Laub und harte Reiser«, erzählt der Dichter, doch gottlob wurde das Elend entdeckt, die Schandtat gerächt, die edle Frau in Ehren nach dem Grafenschloß heimgeführt.

Dann gab es ein Fest, wie es in Trier üblich ist, nein, es gab Feste, »und die Feste dauerten die ganze Woche«, heißt es in der Legende, »Mahl folgte auf Mahl; aber Genoveva konnte von keiner Speise genießen und den Wein nicht kosten; aus Wurzeln und Kräutern mußte man ihr die Speise bereiten, die sie allein essen konnte«. Heute liegen auf dem Boden der Höhle angekohlte Eichenäste, rote Bi-fi-Hüllen, blaue Sunkist-Pappdosen. In einem Baumstamm ist ein Herz eingeschnitten, dazu zwei G, die Narben der Herzwand und der Buchstaben sind dick und wulstig. Was bedeuten sie, Graf und Genoveva, Golo und Genoveva? War die schöne Gräfin wirklich so tugendsam, wie es die Sage berichtet?

Ein herrenloser Schäferhund bricht durchs Unterholz, mit rotem Schildchen am Hals. Er irrt umher, scharrt im Laub, zwängt sich durch die Zweige. Er schnuppert an den Hosenbeinen, riecht am Rocksaum, ist er blind, aus der Legende zurückgeblieben, sucht er nach Golo, fahndet er nach den treuen Knechten? Ein blondes Paar mit einem Cockerspaniel an der Leine tritt aus dem Hohlweg, die Frau trägt ein Kettchen mit einem Kreuz daran auf dem Pullover. Hatte nicht ein Engel der verzagten Genoveva ein elfenbeinernes Kruzifix in die finstere Höhle gereicht?

War nicht im vorigen Jahre in der Nähe des Dörfchens Bergweiler, ortsauswärts Richtung Bruch, in roter Schieferfelswand eines alten Steinbruchs an Herbstabenden die Gestalt einer Frau erschienen, mit leicht geneigtem Haupt und in faltenreiches Gewand gekleidet? »Schlimm wars besonders gestern abend«, sagte ein Polizist, der die Autokolonne der Wallfahrer dirigierte, Theologiestudenten notierten im Taschenlampenschein die Bekenntnisse der Pilger, ein Mann, der aus Koblenz gekommen war, sagte: »Ich verehre die lebendige Gottesmutter und kein Bild aus Stein und bin nur hier, um die Abergläubischen zu sehen und mein neues Auto ein wenig einzufahren.«

Kehrt man aus den zerklüfteten Eifelwäldern zum Zurlaubener Ufer nach Trier zurück, dann ist dort womöglich das nächste Fest im Gange, vielleicht ist es das Zurlaubener Moselfest. Philipp Laven, Triers Erzpoet, ein kundiger Thebaner, wie er genannt wird, beginnt ein Gedicht mit den Versen:

»Nach Zurlauben müßt ihr wallen,
wollt ihr euch des Lebens freun«,

und schon sitzt in der Laube am »Mosellied« eine kleine Männergesellschaft, ein Vater und seine Söhne, ein paar Freunde, ein paar Vettern, ein paar Kumpane. Auf den Eisengestängen liegen die Blätter des wilden Weins, auf den Brauereitischen blauweiß karierte Plastiktischdecken. Hortensien blühen im Nachbargarten, weiße und malvenfarbene, auch in Trier sehen sie beim Blühen schon verwelkt aus. Der Flieder ist aufgebrochen, die Rosen spreizen sich in den Hecken, auf den Laternen von Bitburger Pils lächelt der Braumeister mit dem Bäffchen, den weißen Koteletten, der Fliege und dem Bierglas in der rechten Hand. Die Geste seiner Linken mit aufeinandergelegter Daumen- und Zeigefingerspitze ermuntert den Vater zum Trinken. Der eine der jungen Männer sagt: »Dat is dat einzige, wat der kann: Bier trinken un Kaffee kochen.«

In »Altzalawen« sitzen junge Burschen bei Viez und gebackenen Moselfischen. Sie sprechen von Automatik und Steuerungstechnik, von Getrieben und Übertragungswellen, einer sagt: »Du kennst doch die Maschinen, wo auf der Straße die weißen Striche ziehn«, und er erzählt darüber eine Geschichte, in der nicht Autofahrer und Straßenarbeiter vorkommen, sondern Mönche und ein Trompeter, Fischer aller Art, auch Menschenfischer, es ist eine Abenteuergeschichte, vielleicht ein modernes Epos, eine Trierer Argonautensage. Am Ende sind die Viezgläser leer, die Fischgräten liegen quer über die Teller, und die Burschen gehen knatternd ab. Die Auspuffgase ihrer Motorräder drehen einen dünnen Faden in die Luft.

Griechisch geht es im »Aalkasten« zu, der jetzt »Orfea«

heißt. Es gibt Dolmadakia und Tsatsiki, Arni Kokkinisto und Arni Psito, gefüllte Weinblätter und Quark mit Gurken und Knoblauch, Lamm in Tomatensauce und Lammkeule gebacken. Es gibt den Aphrodite-Teller und den Athene-Teller, den Ares-Teller und den Hermes-Teller, den Platon-, den Perikles-, den Aristoteles und den Diogenes-Teller und den Vorspeisenteller »Orfeas«. Der ganze Götterhimmel ist versammelt mit Nektar und Ambrosia, Orpheus sitzt in einem ornamentengeschmückten Rondell mitten zwischen Styropor-Säulen, mit Lorbeer im Haar und seiner Harfe in der Hand. Aus dem Lautsprecher tönt griechische Schlagermusik, die letzte L. P., die vorletzte Single, Orpheus' Lieblingslieder. Die trierischen Kiefer mahlen, Athene ist Schwein, Aphrodite ist Lamm, Platon ist Leber, Perikles, Aristoteles und Diogenes sind Menus für zwei Personen und, von Göttern und Heroen gespeist, wechselt man von der griechischen Moselstube über in den griechischen Salon mit der ganzen gemalten Ägäis an der Wand, dem Diskuswerfer von Myron und den Hirten von den Thermopylen. Es ist Pans Stunde, und die Säulenpergola mitten in der Gaststube verliert für einen Augenblick ihr Aussehen einer Schaufensterdekoration.

Draußen am Flußufer sind schon die Bratwurststände und die Weinbuden aufgeschlagen, ein Losstand protzt mit blauweißen und rotweißen Teddybären. Noch hängen die Fahnen schlaff an den Masten, rotgelbe und blauweißrote, im Königlich-Bayrischen-Biergarten flattern die blauweißen Rautenwimpel am blanken Girlandendraht, und aus der bayrischen Bierbude tönt bayrische Volksmusik.

Bald wird die Köln-Düsseldorfer »Rheingold« ablegen, jeden Samstag vom 8. Mai bis zum 9. Oktober, Abfahrt 20.15 Uhr, leistungsfähige Bordrestauration und Weine aus eigenen Kellereien sind garantiert. Noch stehen die

Pavillons am Zurlaubener Ufer

Stühle auf den Tischen, sind die Musikerpodeste in grüne Plastikdecken gehüllt, hat das Schiff kein Frischwasser aufgenommen. Aber schon rauscht es aus den Messinghydranten, schon bläht sich der schwarzrosa gestreifte Gummischlauch.

Moselaufwärts sind zwei Motorboote angelandet, Mädchen in Sommerkleidern, junge Männer in T-Shirts und blauen Hosen springen an Land, ein Mercedes, ein Mitsubishi und ein Volvo stehen einträchtig nebeneinander auf der Uferwiese. Campingtische und Klappstühle sind aufgeschlagen, ein Sonnenschirm und eine Coca-Cola-Box. Auf einem T-Shirt heißt es: »Don't let your mind wander!« Ja, laß deine Gedanken nicht in die Ferne schweifen, konzentrier dich, bleib beim Thema, und auf einem zweiten ist die Fortsetzung zu lesen: »It's too little to be out alone!« Er ist zu klein, um allein unterwegs zu sein: Er, das ist der Geist, der praktische Verstand, ein amerikanischer Rat, in der Fremde zusammenzustehn. »It's America!« liest man folgerichtig auf einem dritten, und die drei Paare gehen an den Lauben entlang, sie rümpfen die Nase nicht vor dem aufdringlichen Duft des Geißblatts und des Jasmins, nein, sie sind nicht so empfindlich, wie ihre T-Shirts behaupten, ihre amerikanische Seife duftet danach.

Das Zurlaubener Ufer ist in Bayern, in Griechenland, in Amerika verwandelt, und Georg Schmitt, der Trierer Komponist, der hier geboren ist, würde er, 150 Jahre später, sein kleines Fischerdorf wiedererkennen? Schmitt war in der Welt herumgekommen, lange hatte er in Paris gelebt, war nach England und nach Amerika gereist, aber für Trier und die Mosel führte er seine Noten über das Notenpapier spazieren. »Der vergessene Lorbeer« heißt der Roman seines Lebens, den Maria Schröder-Schiffhauer geschrieben hat.

»Im weiten deutschen Lande
fließt mancher Strom dahin,
von allen, die ich kannte,
liegt einer mir im Sinn«

beginnt der Text zu Schmitts Melodie des Moselliedes, in dem die Mosel männlichen Geschlechtes ist und nicht die Braut des Rheins wie in einem anderen, preisgekrönten Lied, das die Trierer aber nicht mochten. Was sang noch Ausonius, der römische Dichter des Kaisers? Er lobt nicht die anderen Ströme in ihr, er lobt sie in den anderen allen, der Drome und der Durance, der Rhone und der Garonne, und er sagt: »Später preis ich die Männer!« und schon damals waren es Männer vielerlei Volks.

Noch immer ist Festtag. Mitten zwischen Bayern, Griechen, Amerikanern marschiert ein Trierer als Rokokofigur. Er trägt Kniehosen und Stiefeletten, einen blauen, bestickten Rock und graugrünes Haar; er schreitet hoch aufgerichtet, als träte er aus einem französischen Revolutionsstück in ein Trierer Sommerfest über, ein nachgeborener Höfling, unbekümmert um Revolutionsheere und Revolutionsfahnen, sein grünes Haar ist eine trierische Herausforderung für Kultur- und Geschichtspessimisten. Nein, der Trierer läßt nicht nach. »Ungeachtet dieses bangen und gefahrvollen Zustandes der Stadt Trier sah man noch im Winter von 1793-1794 eine ganz ungewöhnliche Menge von rauschenden Tanzlustbarkeiten, als wollte man mit Bällen Gefahr und Elend verscheuchen«, steht in den »Gesta Treverorum« zu lesen, »es war, als tanzte man um den Crater eines drohenden Vulkans. Dieses sehr leichtsinnige Betragen mußte dem besonnenen Beobachter fast die strafenden Worte Salvians in das Gedächtnis rufen, welche er im 5. Jahrhundert den damals trotz ihres großen Elends noch nach Lustbarkeiten haschenden Trierern zugerufen hatte.«

Nein, es nimmt kein Ende, dem Weinfest und dem Zurlaubener Moselfest, den Blumentagen und der Peter & Paul-Messe geht jährlich das Altstadtfest voraus mit Puppenspiel und Romika-Schuhschießen, mit Frühschoppenkonzert und Brunnenhof-Serenade, mit Hochseilartistik und der Moon-Walk-Attraktion. Es dreht sich McDonalds Glücksrad, es dreht sich das Pepsi-Glücksrad, es drehen sich die lustigen Kindertrommeln, und wenn die Big-Band Ruwertal aufspielt, dann drehen sich die Trierer, die Biewener, die Palliener im Kreis, denn »der Tanz ist die herrschende Leidenschaft der trierischen Jugend und besonders des schönen Geschlechtes«, schreibt Monsieur Zegowitz, der Generalsekretär des Saar-Departements im Jahre 1809, »sie scheint ihr angeboren zu sein. Die Kinder erlernen den Tanz des Landes beinahe in derselben Zeit, wie sie das Sehen erlernen.« Der Tanz des Landes ist der Walzer, und dazu spielen die Winzerkapellen auf, aus Detzem, aus Waldrach, aus Mehring, und wenn erst die Wasserorgel aufrauscht und der Radfahrerverein Schwalbe sein Hochradfahren zeigt, vergißt dann jedermann in Trier die Gräber der Toten, die Brandstätten der Häuser, die Gebeine der Erschlagenen?

»Ihr verlangt Spiele, ihr wollt Feste!« rief Salvian verzweifelt aus, nein, es nimmt wahrhaftig kein Ende, nimmermehr, denn den Festen folgen die Spiele, von Boxen und Billard bis zu Volleyball und Wasserski; der Polizeisportverein pflegt Judo und Karate, der Postsportverein Fechten und Gewichtheben, bei Hettlage wird mit Squash- und Tennisschlägern, bei der Sportschützengesellschaft und der St. Sebastianus-Schützenbruderschaft mit schärferen Geräten hantiert. Die Motorflieger knattern über die Faulerde, die Segelflieger schweben über die Schützenwiese, und im Moselstadion rumort es schon von den Rängen, brodelt es auf der Haupttribüne, klatscht es rhythmisch in den Kurven. »Ich höre, es gibt ein großes

Amphitheater

Gemetzel!« rief Juvenal, hoch über dem Staub des Zirkus sitzend, und unten im weiten Oval begann das Spiel der Gladiatoren.

Es ist ein Samstag, zweitausend Jahre später, im Moselstadion stehen sich die Fußballmannschaften von Eintracht Trier und dem ASC Dudweiler gegenüber; die Zuschauer auf den Rängen stehen dicht gedrängt, sie reiben sich mit den Ellbogen aneinander, versperren einander die Aussicht, treten sich gegenseitig auf die Füße. »Du fragst, was du am meisten zu meiden hast?« fragt Seneca seinen Freund und Schüler Lucilius und antwortet ihm: »Die große Masse.« Er spricht vom Zirkusspiel und gesteht: »Nie bringe ich von einem solchen Ausgang meinen Charakter unbeschädigt heim.«

Ein junger Mann aus dem Fanclub, mit gefranster Jacke, plakettenbespickt, die schwarze Schirmmütze in die Stirn gezogen, geifert schon, er spuckt große Töne, ein Dudweilerer Spieler läuft vorbei, sein Trikot leuchtet unter dem Trainingsanzug hervor, der Fan sieht das Trikot, er ruft: »Eintracht!« und meint Zwietracht.

Welches Stadion einer Stadt wirbt mit solchen Namen, die keine politisch Unberührten, sondern Marktgrößen sind? Marx, Römer, Ratio ist auf den Banden zu lesen, Spiel und Umsatz greifen merkantilisch ineinander, der Gewinn ist doppelsinnig vorgeplant, Trainer und Manager meinen zweierlei. Der Sponsor grüßt die Zuschauer durch den Lautsprecher. »Eintracht Trier schießt Tore,/ T. B. S. Daun macht Rohre!« prahlt er, aber auch das Dudweilerer Gefolge, ein kleines Fähnlein der Aufrechten, will nicht zurückstehen, einer schwenkt den Wimpel, und ein Trierer ruft: »Wat soll dat lao?«

Seneca ahnt die Hiebe und Stiche, die Finten und Tritte, er ahnt die Hatz voraus, er weiß, daß er selbst immer mehr, immer Aufregenderes erwartet, er sagt zu Lucilius: »Nichts aber ist einem guten Charakter so schädlich wie das müßige Dasitzen bei irgendeiner Vorführung. Da schleichen sich nämlich, mit Hilfe des Vergnügens an der Schaustellung, alle Laster leicht ein.« Der Ball ist angestoßen, es beginnen die Zweikämpfe, das Bein eines Spielers rutscht zwischen die Füße eines Gegenspielers, die Körper der beiden Spieler verschränken sich ineinander, klammern sich aneinander, gehen zu Boden. »Was ich damit meine?« fragte Seneca, »Habgieriger, ehrgeiziger, genußsüchtiger komme ich wieder heim. Auch grausamer, unmenschlicher – weil ich unter Menschen war.«

»Nur langsam«, sagt ein Trierer, »is jao noch neist passiert.«

»Einwandfrei neist«, sagt ein zweiter.

Der Ball fliegt an einem Spieler vorbei ins Aus, und ein dritter ruft: »Den lao kann een nit kriegen.«

Ein Polizist fängt den Ball und verliert die Mütze dabei, die Menge quittiert es mit Gelächter. Jetzt entwickeln die Zuschauer ihre Theorien, entwerfen Konzepte, operieren mit hausgemachten Strategien. Die Spieler des ASC Dudweiler, vier Brüder Stättler, blonde Gladiatoren aus dem Sulzbachtal, rücken energisch gegen die Beine der Trierer vor, der Schiedsrichter läßt es geschehen.

»He, dau schälen Habakuk!« ruft einer, »siehst dau nit richtig?«

»Dau Schwarzkittel!« ruft ein zweiter.

»Tretn dout!« ruft ein dritter.

»Nichts, womit sich die Kämpfer schützen können«, sagt Seneca, »jedem Hieb am ganzen Körper ausgesetzt, führen sie selbst keinen vergeblich. Das liebt die Masse mehr als die paarweisen, kunstgerechten, sonst immer verlangten Gladiatorenkämpfe. Warum auch nicht? Wozu noch Schutz? All das verzögert ja nur den Tod.«

Der erste ruft: »Ihr dreckijen Saarländer!«

»Zeigt den Saarländern mal, wat en Trierer is!« ruft der zweite.

»Hör doch off mit den Saarländern!« ruft der dritte, »dat bringt doch neist.«

Ein Hubschrauber, apfelsinenfarben, kreist über dem Krankenhaus der Barmherzigen Brüder, da ruft einer: »Dat is der Christoph, der bringt widder aanen!«

»Kuck liewer off dä Plaaz«, sagt sein Nachbar.

»Aber es ist doch Pause«, sagt Seneca, und er antwortet sich selbst und sagt:

»So soll man derweil den Menschen die Kehle durchschneiden, damit wenigstens etwas geschieht.«

Nach der Halbzeit haben die Dudweilerer ausgewechselt, es kommt Roshdy, der Perser.

»Dat is dä Mustafa«, sagt ein Trierer.

»Paß off, wat dä mischt.«

Aber da marschiert eine Reihe Polizisten auf, ein Walkie-talkie hat geplaudert, irgendein Geschehnis hat sich außerhalb des Stadions zugetragen, eine Bewegung entsteht in der Menge, hinter dem Tor der Dudweilerer wogen die Körper der Zuschauer auf und ab, Arme recken sich empor, Fahnen sind aufgepflanzt; und während die Gladiatoren ihre Beine opfern und ihre Kehlen darbieten, sagt Seneca: »Hier gibt es nur eine Wahl: mitmachen oder hassen«, und die Trierer warten schon auf den 1. FC Saarbrücken, auf Kakoko, den Zairer, auf Laohakul, den Thailänder, auf die bezahlten Sklaven aus Afrika und Asien, auf das nächste Gemetzel, von dem Juvenal spricht und wie es auf dem Mosaikfußboden der römischen Villa in Nennig zu sehen ist.

Sind die Trierer so? Sind sie die lebendigen Beispiele des immer Gleichen, die Lüstlinge der Unterhaltung, die unbelehrbaren Genußsüchtigen Salvians? Als Wolfgang Weyrauch vor 25 Jahren nach Trier kam, da bemerkte auch er, wie hier das Alte mit dem Neuen, das Nördliche mit dem Südlichen eine innige Verbindung eingegangen war, »die deutsche Transzendenz mit der westlichen clarté, die deutsche Gravidität mit der westeuropäischen Grazie«, sagt er leise und liebevoll, und er fügt hinzu: »Ich merke das an allem . . . an dem schönen, bösen Altertum, das in der Gegenwart Triers liegt, wie die gespaltene Zunge eines Raubtiers im Munde eines Haustiers . . . schönes, böses Altertum in der schönen, guten Stadt Trier.«

Merkur zur Seite

Flug über das Flußufer

So listenreich und geschickt, so praktisch und fleißig wie die Trierer ist nur Merkur, ihr heimlicher Gott.

In Trier ist die List keine boshafte List und die Geschicklichkeit ist keine liederliche Geschicklichkeit, in Trier ist die List mit dem Praktischen und ist die Geschicklichkeit mit dem Fleiß gepaart, wie bei Merkur, der ja ein Gott und kein erbärmlicher Strolch ist. Merkur ist am frühen Morgen zur Welt gekommen, aber schon am Mittag aus den Windeln geschlüpft, hat flugs aus dem Panzer einer Schildkröte seine Lyra geschnitzt, am Nachmittag mit Spiel und Gesang die Rinder Apollos eingeschläfert, am Abend fünfzig Kälber gestohlen, sie im Walde versteckt und ist vor der Nacht wieder in seine Wiege zurückgekehrt. Als Apollo ihm den Diebstahl auf den Kopf zusagt, redet er sich prompt heraus, tauscht die Kälber gegen Apollos Leier, schlüpft wie ein Herbstnebel durchs Schlüsselloch und fliegt, auf dem Kopf die Flügelhaube und an den Füßen die Flügelschuhe, in der Hand den dreizackigen Heroldsstab, mit den neuesten Nachrichten im Kopf, über Fluß und Wälder davon.

So ist er, der Gott der Handwerker und der Viehtreiber, des Schlafs und der Träume, der Händler und der Reisenden, der Diebe und der politischen Redner. Er ist, so untrierisch es auch scheinen mag, der Gott des Fleißes und der Industrie. Er ist der Gott der praktischen Vernunft. Und er kann fliegen. Petrus dagegen, Triers kanonisierter Stadtpatron, kann nicht einmal durchs Schlüsselloch schlüpfen. Aber er hat ja den Schlüssel, mit dem kann er Türen öffnen und schließen, wie es ihm und den Trierern gefällt.

Schon die »Gesta Treverorum« erzählen von Merkur, wie er, als eherne Figur, den wirtschaftlichen Aufschwung symbolisiert. Sie erzählen, wie die Trierer zu seinen Ehren, den sie als höchsten Gott ansahen, in einem Tempel einen Bogen von großer Höhe errichteten, und wörtlich heißt es weiter: »In diesem brachten sie ein großes ehernes Bild Merkurs zum Schweben, indem sie einen Magnetstein im Gewölbe und einen anderen unten im Boden des Bogens einfügten, so daß das mächtige Eisenbild in der Luft hing.«

Aber Merkur hat sich längst in die Luft erhoben, er fliegt. Jesuitenpater Balthasar Alff aus Köln beschreibt seinen Flug von Köln nach Trier in einem Gedicht, Merkur nähert sich der Stadt von der Eifel her, es ist lange Zeit Krieg in Deutschland gewesen, das 17. Jahrhundert nähert sich seinem Ende, und als Merkur auf dem Apolloberg zum ersten Mal eine Rast einlegt, da sieht er die Verwüstung, die dieser Dreißigjährige Krieg angerichtet hat: »Staunend betrachtet er aufmerksam die halbeingestürzten Bauten, die entseelten Reste der Häuser; das ganze Gebiet gleicht einem Leichenfeld: soviel ragende Gipfel mit geborstener Spitze, Spuren des traurigen Kriegs, Steine vom Alter verwittert, und das ganze Trier gleichsam begraben in Trier, groß nur noch durch seinen Namen.« Nein, das kann Merkur, für Handel und Wandel reisend, nie und nimmer gefallen!

»Dann sah er das alte Theater, die Monumente, die Altäre der heidnischen Götter und die alten Circusbauten – Namen, stolz beinahe allein durch den Klang, aber vereinigt jetzt mit dem Wirrwarr der Trümmer. Alles

Alter Mosel-Kran, 1774

Opfer der Zeit, die Häuser nur noch Schlupfwinkel für Wild und Schlangen. Schwer seufzte da Merkur aus voller Brust, vor sich hinmurmelnd: ›Was vermag nicht die Zeit zu wandeln?‹«

Die Zeit hat gewandelt, Dank Merkurs. Denn als Goethe, auf dem Rückweg von der Campagne in Frankreich, von den Höhen des Martisberges, der heute Petrisberg heißt, über alle Reliquien der Heiligen, über Dome, Dächer und Schirme, wie er selbst sagt, nach dem Apolloberg, dem heutigen Kockelsberg, hinüberschaute, da sah er die Götter, Mars und Apollo, »Merkur zur Seite«, immer noch ihres Namens Gedächtnis behaupten. »Die Bilder waren zu beseitigen«, sagt er, »der Genius nicht.«

Aber nicht nur die Bilder, auch die Namen der Götter sind längst verschwunden, Merkur brauchte den seinen keinem Tal und keinem Berg zu leihen, und so lebt sein Genius auch ohne Namen in Trier, Merkur fliegt immer noch über die Stadt, aber er fliegt nicht allein. Mit ihm fliegt ein Trierer Mensch, ein energisches, merkurisches Wesen, ein Tatgeschöpf, das zielstrebig an des Gottes Aufschwung teilnimmt, das vielleicht sogar seinen Aufschwung begünstigt und in listenreicher und praktischer Geschicklichkeit einen ganzen trierischen Aufschwung zu Wege bringt. Es ist Helmut Schröer, Triers Wirtschaftsdezernent, mehr Grashüpfer als geflügelter Gott, er ist ja nicht von ungefähr auch Präsident der Trierer Karnevalsgesellschaft »Heuschreck«.

»Ayant chanté/ tout l'été«, singt LaFontaine von der Zikade, einer Verwandten des Heuschrecks, einer Femme fatale und Verschwenderin, die den ganzen Sommer über nichts als Singen und Springen im Kopf hat, und vielleicht meint auch die dritte Strophe des »Heuschreckliedes« von 1849 diese beiden, wenn es dort heißt, wohlbedacht und trierisch ausgewogen, und doch mit politischer Anspielung:

»Und so lang der Sommer scheint,
Hupfen beide eng vereint,
Er unzähmbar, wild anarchisch,
Sie constitutionell monarchisch,
Bis im Herbst beim ersten Reif
Beid sich strecken kalt und steif.«

Herr Schröer streckt sich nicht, nein, das kommt bei Herrn Schröer nicht vor. Er sitzt oben auf dem Heuschreckbrunnen in der Fleischstraße, bei Fischer Maathes und Krons Toni, beim Wichshänsjen und bei Koorscht un Kneisjen, den Trierer Originalen, ein Heuschreck, der sich gerade in eine Grille verwandelt hat, von der ja schon Tiervater Brehm sagt, daß nur der Dichter sie die »faule Grille« nenne, der »nicht moralisierende Forscher« jedoch voller Respekt vor ihrem Schaffensdrang von ihr spreche und wörtlich sagt: »Sie hält sich glücklicherweise auf solchem Boden auf, mit dem der Mensch nicht viel anfangen kann, sonst wäre sie wohl imstande, durch Abfressen der Wurzeln seinen Kulturen nachteilig zu werden.«

Aber der Boden, auf dem Herr Schröer für den wirtschaftlichen Aufschwung sorgt, heißt »Faulerde« und »In den Geichen«, es ist Sauerwiese, Land am Wasser, und glücklicherweise wächst auf solchem Boden kein zartes Wurzelwerk, sondern das robuste Tag- und Nachtwerk der Industrie. Auch wir schwingen uns auf, Herrn Schröer und Merkur zur Seite, und fliegen über Trier. Genau über der »Faulerde«, Konz und Karthaus gegenüber, dort wo Schloß Monaise liegt, zwischen dem Pumpwerk und dem Campingplatz, beginnt unser Flug, und er führt uns in geschwungenem Bogen an der ganzen Stadt entlang.

Schloß Monaise, ein klassizistischer Kubus, mit Säulenveranda am Dachfirst, schiefergedeckt und auf imitierte ionische Schneckenkapitelle gestützt, zerfällt nach und nach, schon sind die Fenster mit Latten vernagelt, die Sphinxe von Efeu überwuchert, die Mauern von Bäumen erdrückt, und auch der Stein der Pavillons im Park ist angenagt vom Gift- und Säurezahn. Wie prächtig zeigt sich dagegen das Maß- und Mauerwerk der Industrie! Der Betonbau von Kalle-Hoechst, weiß und nüchtern, mit blauem Farbband am First, blauen Röhren, blauem Gestänge, blauen Stahltüren, stimmt auf sinnige Weise mit dem von Faber Sekt überein: die grünen Bottiche, so nahe bei der Natur, lassen an Rebblätter und Weintrauben denken, und dieses gefällige Farbenspiel ist viel mehr als nur ein äußerer Anreiz.

R. J. Reynolds Tobacco GmbH steht mit der ganzen Welt in Verbindung, an den Masten vor der Eingangspforte rauscht ein Meer von Fahnen, die Firma erwirbt neues Industriegelände, investiert weiter in Trier, und vielleicht wird eines Tages auf den weißen Dächern ein riesiges Kamel erscheinen, das ja in Wirklichkeit ein Dromedar ist, aus Plastik im Stil der Popart oder gar aus Bronze, was für Langlebigkeit bürgen würde. Bei Reynolds ist das J. R. des texanischen Fernsehbösewichts im Vornamen umgedreht, spricht das nicht für den sanften Rauch aus der Friedenspfeife? Die Trierer gehen nicht mehr meilenweit, Camel liegt vor ihrer Tür.

Ja, Trier und seine Umgebung, lange Zeit ein industrielles Niemandsland, ist vom Rand in die Mitte gerückt, und es korrigierte heftig sein römisches Vorurteil. Es gibt nicht nur mehr die Ruinen der Römer, die Dächer der Dome, die Reliquien der Heiligen, von denen noch Goethe sprach, die Industrie ist gern nach Trier gekommen, »der Standort spricht für sich«, sagt Herr Schröer, und er weist auf die Gunst der Umstände hin: »Sehen Sie sich die Lage, das Verkehrsnetz, die Grundstücke, die Arbeitskräfte, die Steuervorteile, die Zuschüsse an!« 1962 gab es 48 Betriebe mit 4500 Beschäftigten, zwanzig Jahre später waren es mehr als doppelt so viel Betriebe und doppelt so viel Beschäftigte. Der Schwerpunktplan »Regionales Aktionsprogramm Eifel-Hunsrück« rief Menschen und Maschinen herbei, aber über die Stadt zieht nicht mehr als ein dünner blauer Faden aus den Schloten.

Nach erstem, sanftem Moselbogen, nach Staustufe und Konrad-Adenauer-Brücke, erscheinen, aus brandroten Bruch- und Ziegelsteinen gemauert, die Pfeiler und Bögen der Römerbrücke. »Strom! Nichts hältst du geheim, und wie bei heiterem Himmel/ Wonnig sein Blau sich dehnt, wohin auch schweifen die Blicke,/ Und kein Lüftchen uns wehrt, zu sehn in die weiteste Ferne,/ Also schaun wir gemach im Innern, was unten im Strome/ Ruht, und es tuen sich auf die verborgenen Wunder der Tiefe!« singt Ausonius in seinem Mosellied, und er denkt dabei an »Gräser im grünlichen Grunde«, an »glitzernde Steinchen«, an »schillernden Tang«.

Liegt sonstwo das Geld auf der Bank, auf der Straße, in den Sternen, hier, an der Römerbrücke, liegt es im Bett des Flusses, als habe ein Erzgauner aus dem Märchen es zwischen Daunendecken und Kopfkissen gesteckt. Da liegt es weich, im Flußkies vergraben, um die alten Fundamente herum, die alten Basaltquader aus der Vulkaneifel und die Kohlenkalkquader von der Maas bröckeln nur mählich oder gar nicht, und das Gold, im Sand geborgen, im Schlamm verwühlt, ist bei Niedrigwasser nicht schwer zu finden.

Es sind Münzen aus der Römerzeit, Hartgeld aus dem Mittelalter, Opferstücke für Poseidon, Zinsgeld, das dem Zoll entging. Wenn das Wasser der Mosel fällt, dann tummeln sich die Trierer Schatzsucher an den Pfeilern, mit Hacken und Schaufeln, mit Sandsieben und Geigerzählern, graben an den Pfahl- und Pfostenfundamenten, wühlen in den alten Spund- und Fangdämmen, und manchmal tauchen später Schmuckstücke und Bronzefiguren bei entfernten Antiquaren auf. Beim letzten Niedrigwasser entdeckten die Pfalzeler in der Höhe der Hochwasserschutzmauer die Statue der Franziskanernonne »Rosa von Viterbo« im Flußschlamm, scheu drückt sie mit beiden Händen ihren steinernen Rosenstrauß vor die Brust, als fürchte sie Blumen-, nicht nur Kunsträuber.

Merkur sieht auf den Grund, er kennt die Trierer. Handel und Wandel blühen, vor der romantischen Kulisse geschieht der merkantilische Austausch, die Geschäftspartner sprechen nicht nur von Preis und Profit. Kronprinz Friedrich Wilhelm, der spätere Romantiker auf dem Thron, reimte, als er Pallien sah, Vegetation auf Dekoration, Ludwig Uhland, der schwäbische Dichter, sah es noch unmittelbarer, er reimte Pallien auf Gallien. Noch heute sind in Pallien Schönheit und Geschäft miteinander vermählt: herrlich prangen zu Weihnachten in den Schaufenstern der Bäckerei Heckmann die Christstollen, die Butterstollen, die Marzipanstollen, wie schmackhaft munden die Brötchen, und nach den Feiertagen kostet das Hexenhäuschen aus Lebkuchen statt 22,50 Mark nur noch 16,95 Mark.

Dem Pallier Markusberg gegenüber liegen die beiden Krane, der Zollkran von 1774 und der alte Kran von 1413, den ein Schiffer auf eigene Kosten hatte erbauen lassen. Es sind zwei mächtige, rundgemauerte Türme mit Spitzdach, in deren Innenräumen die Trommelmechanik noch zu sehen ist, die das feine Zusammenspiel von Treträdern und Winden in Gang hielt, einmal das horizontale Drehen, einmal das vertikale Heben und Senken, ein vernünftiges Ineinandergreifen gegenläufiger Bewegungen, für das Merkur immer ein Auge und viel Verständnis und der Trierer ein tiefes Bedürfnis hat. Das Wort Kran nimmt er genüßlich in den Mund, er spricht es gedehnt, und so erscheint es auf den Straßenschildern »Krahnenufer« und »Krahnenstraße« mit behäbigem Dehnungs-h. Auch alte

Haus in Pfalzel

Klöster und Hospitäler am Moselufer, St. Anna, St. Irminen, St. Katharina, aus römischen Hallen und merowingischen Weinkellern, romanischen Sakralbauten und barocken Lustpalais ineinandergewirkt, haben ihre Türen nicht vor Merkur verschlossen. In den alten Gymnasien und Palaestren wurde ihm als Schutzgott der gymnastischen und rhetorischen Gewandtheit gedient und geopfert, aber ist er nicht auf seinen Flügelschuhen auch in das Schwesternheim und die Sonderschule, die Staatliche Ingenieurschule und die Städtische Berufsschule eingetreten, hat er nicht seine Flügelhaube an den Kleiderhaken der Werkkunstschule und der Frauenfachschule gehängt und sitzt an einem Tisch mit den Trierer Schülern und Studenten?

Seit Napoleons Edikt von 1805 die säkularisierten Trierer Hospitäler zu den »Vereinigten Hospitien« zusammengeschlossen hatte, hält er auch, für Wohlstand und Gedeihen, sein dreizackiges Kerykeion über die Weingüter und Kellereien. Trinkschale und Trinkhorn, Kantharos und Becher, aber auch feingeschliffene Moselgläser kreisen, sie heben und sie senken sich und spielen das gleiche Zusammenspiel wie die Mechanik der Krane und die Lehre der Materialisten, eine merkurische Sinnfälligkeit mit trierischem Genuß.

Merkur ist bis zu alleräußersten Feinheiten vorgedrungen, bis in die Spitze der Feder. In einem Schreiben an alle Bundestagsabgeordneten des Ausschusses für Jugend, Familie und Gesundheit hat der Weinausschuß der Industrie- und Handelskammer Trier zu einigen Teilen des Entwurfs eines vierten Gesetzes zur Änderung des Weingesetzes erhebliche Bedenken der Weinwirtschaft vorgebracht. Im einzelnen, Merkurs Einverständnis gewiß, kritisierte der Weinausschuß, daß nach dem neuen Entwurf zwar die Restzuckerbegrenzung wegfallen soll, gleichzeitig jedoch die Bezeichnung »lieblich« neben den Bezeichnungen »trocken« und »halbtrocken« zur Auflage gemacht werden solle. Der Weinausschuß seinerseits schlägt statt dessen den Wegfall der Restzuckerbegrenzung für QbA-Weine und die wahlweise Verwendung der Begriffe »trocken«, »halbtrocken«, »lieblich« vor. Merkur sitzt im Detail.

Gegenüber den »Vereinigten Hospitien«, unter schütteren Pappeln, kniet ein Küfer in Sandstein, er kniet über einem Faß, das er gerade richten will, er hält den Hammerstiel in der Rechten, aber der Hammer ist abgebrochen, der Stein ist weich und verwittert und hält die schweren Zeiten nicht aus. Im Eingang zum Schießgraben stehen zwei Barockfiguren, auch ihr Stein ist bröcklig geworden, die Dame zur Linken ist mit Beton verplombt und mit Eisen armiert, sie ist in einer Metamorphose begriffen, in einem kosmogonischen Prozeß, womöglich verwandelt sie sich nach und nach in eine moderne Göttin der Industrie.

Wir fliegen auf ihren Spuren, Merkur zur Seite, an der Mosel entlang. Herr Schröer betätigt unentwegt seine kräftigen Heuschreckflügel, Merkur behält kühlen Kopf, Ratio heißt das Trierer Einkaufscenter am Moselufer. Biewer gegenüber, mit dem schräggestellten Schriftzug des amerikanischen Linkshänders, erscheint das Holiday Inn, Pfalzel gegenüber, mit den gekreuzten Pferdehälsen, der Raiffeisenturm.

Hinter der Stadtmauer von Pfalzel, dem Friedhof gegenüber, ist auf einem Hausgiebel die Ansicht von 1550 zu sehen, mit Kloster und Bastei, daneben, auf einer Wand, ist ein Genius gemalt, ein nackter Säugling mit Füllhorn und Fackel. Ein Text, der ein eigentümlich pantheistisches Sinnenallerlei beschwört, füllt den Sockel und die halbe Wand. Merkur schlägt seine Stirn in Falten. Der Text lautet: »N. und K. sind ein doppelgesichtiger Gott, der deinen wohlklingenden Schritt durch alle Bereiche der reinen Welt führt. Du unterscheidest nicht das eine vom andern Gesicht, aber du hörst das Herz schlagen, das sich als Ganzes im zwiefachen Antlitz versteckt. O Gottes Wesen, mit dir möcht ich den ehrwürdigen Fels erklimmen, mit dir einen Kranz unserer Eichen einem ewigen Altare darbringen.«

Unter der Dachtraufe des Hauses, einer »Galerie Palatiolum«, heißt ein Zweizeiler: »Wir bauen Häuser und Paläst/ und sind doch all nur fremde Gäst«, und fast klänge es nach Vergeblichkeit von Handel und Wandel, wenn nicht neben der Galerie, in sumpfiger Wiese, ein paar Kanaldeckel mit doppelten Betonkränzen schon den künftigen Ausbau der Autobahn nach Luxemburg anzeigen würden. Aus der Ferne sehen sie wie römische Grabplatten aus.

Sieht in Trier nicht alles nach Rom und nach Troja aus? Ist nicht der Sinn des Trierers immer nur nach den Fußstapfen der Alten gerichtet? Zweifelte nicht dessentwegen Herr Schlink, Landgerichtsrat in Trier vor 150 Jahren, an der industriellen Unternehmungslust, am tätigen Spekulationsgeist der Trierer? In zehn Briefen, erschienen 1840 im »Philanthrop, Gratiszugabe für die resp. Abonnenten der Trier'schen Zeitung«, greift er das Thema leidenschaftlich auf. »Gestehen wir es uns offen, daß wir in dieser Beziehung gegen alle übrigen Städte der Rheinlande zurückstehen und z. B. mit dem uns zunächst gelegenen, viel größeren geographischen Hindernissen unterworfenen Saarbrück gar keinen Vergleich aushalten können, indem dort Fabriken bestehen und sich jährlich vermehren, während wir uns auf unfruchtbare Seufzer über unsere Lage beschränken, ohne den Spruch zu beherzigen: ›Hilf Dir, so wird Dir der Himmel helfen.‹«

Johann Heinrich Schlink hatte die Signale des Jahrhunderts, die Trompetenstöße von innen und außen, von unten und oben, von rechts und links richtig gedeutet.

Haustür in Pfalzel

»Es kömmt nur darauf an«, schreibt er weiter, »den Sinn für industrielle Unternehmungen zu wecken, ihn zu beleben und ihm Unterstützung angedeihen zu lassen. Trier besitzt nicht wenige reiche und wohlhabende Familien; es fehlt ihm also nicht an Betriebskapitalien, welche besser als auf Darleihen zu 4 und 5 Procent verwendet werden könnten. Läßt sich auch erwarten, daß die Dampfschifffahrt der Stadt einigen Nutzen durch einen größeren Zufluß vom Fremden gewähren werde, so ist dies doch im Ganzen nur eine unbedeutende Nebensache; denn Trier könnte, wenn es sich besser als bisher auf Industrie verlegte, diesen Beistand der Fremden entbehren, oder vielmehr es würden ihm dieselben, nicht zum Vergnügen, sondern um Geschäfte anzuknüpfen und abzunehmen, zuströmen. Die Industrie ist eine complicirte Maschine, die nur dann gedeihet, wenn sie allgemeinen Anklang findet und Einer dem Andern in die Hände arbeitet.«

Merkur, Triers heimlicher Gott, und Herr Schröer, Triers Wirtschaftsdezernent, arbeiten Hand in Hand, Herrn Schlink braucht es um Trier nicht mehr bange zu sein. Zwischen Pfalzel und Ehrang, der Eisenbahnlinie und dem Moselhafen liegen die Hallen und Werkstätten der Fabriken, und nicht einmal dramatischer Rauch verrät die Anwesenheit von Industrie. Das Moselstahlwerk ist in eine Wellblechverkleidung gehüllt, kein Hochofen glüht, kein Konverter bläst, kein Schlot dampft für das Auge. Vor Walterscheids Schmiede und Preßwerk sind die Füllbehälter und Drahtgestelle wie Eierkisten gestapelt, vor Michelins Reifenwerk steht ein Reifendenkmal in profiliertem Gummi, 33.5-33 XK Type B, und der hüpfende Gummimann von Michelin ist noch ausgelassener als sonst.

Mead Verpackung ist vollkommen in einstöckiger Betonarchitektur verpackt, der Rasen ist frisch geschnitten, grazile Birken und eine Zwergkiefer schmücken die Einfahrt, an die Fahnenstangen schlägt der Zugdraht an wie Segeltaue an Schiffsmasten. Triers Namen ist in Trimex Hobelwerk und Trilag Spedition versteckt, Krane und Silos, Bunker und Bagger säumen den Hafen, aber es sieht nicht nach Genua und Shanghai aus. Neben dem Pförtnerhaus der AWS Keramik sind »Fliesen schön und gut« des Fabrikats Bistro, blaugrau, in Klarsichthüllen verpackt, der Pförtner schaut mißtrauisch aus seinem Glashaus, auf die Scheibe sind die Fahndungsfotos der Terroristen geklebt, aber sicherlich hat er es längst vergessen. Merkur rückt an seinem Flügelhelm, er schluckt zufrieden und fuchtelt mit dem Kerykeion.

Schloß Quint, einst dem Eisenwerk der Quinter Hütte zugekehrt, liegt jetzt allein da und ist im Zerfall begriffen. Noch sitzt das geknickte Walmdach auf dem Gemäuer, aber die Fensterscheiben sind eingeschlagen, die ebenerdige Fensterreihe ist mit Brettern zugenagelt, die Sandsteinwappen der Pidoll von Quintenbach verrotten. Weit und breit ist kein Mensch zu sehen, aus dem verwilderten Schloßpark baumt ein Bussard auf, aber um Dornröschens Schloß zu sein, dürften nicht Mülltüten und Kleenextücher auf der Treppe liegen. So gibt es eine feine Verbindung zwischen Monaise und Quint: Rokoko und Klassizismus zerbröckeln leicht, wenn Merkur seinen Atem durch die Uferwiesen bläst.

Hinter dem Moselbogen liegt Schweich, wo Herr Becker so lange Bürgermeister ist, »daß ich meine Fehler schon gar nicht mehr meinem Vorgänger in die Schuhe schieben kann«, wie er selbst sagt. Er ist Saarländer, stammt aus Freisen, gehört zu den Altgedienten, den politischen Kanalarbeitern. Er sagt: »Mir wuschten nix, awwer mir hann alles verstann!« Und über die Intellektuellen in seiner Partei sagt er: »Die wissen alles, awwer hann nix verstann!« Er vertraut seinem Instinkt, lobt die zweitrangigen Tugenden, baut auf die Unbefangenheit der einfachen Leute. »Stefan Andres«, sagt er, »wir müssen Stefan Andres besser vermarkten – wie Mozartkugeln«, und darüber freut sich Merkur ganz besonders.

Stefan Andres, Im Dhrönchen geboren, als Sohn eines Müllers, kam als Kind mit seiner Familie nach Schweich, als die Mühle stillgelegt werden mußte, weil die »Leckertizität« aufgekommen und das Wasser nicht mehr nötig war. Er schrieb den Roman seiner Kindheit, das Buch vom Knaben, der im Brunnenwasser sein Ebenbild sieht und glaubt, in allen Brunnen lebten Knaben wie er selbst. In Schweich, neben der neuen Schule, ist ein Brunnen zu sehen, in dem Bildhauer Scherl den Lebensweg des Knaben in Bronzebilder gegossen hat. »Ich führte da unten im Brunnenland ein schönes Leben«, schreibt Stefan Andres in seinem Buch, sein Leben außerhalb des Brunnens war das schwere Leben unter dem Prügel der allmächtigen Kirche. Sun Sheng Wu vom Volksliteraturverlag aus Peking steht vor dem Brunnen und lauscht der Geschichte des moselanischen Narziß mit ganz besonderer, mit chinesischer Neugier.

Auf der anderen Moselseite, Schweich gegenüber, liegt Longuich. »Auf der Festung«, einem Restaurant in der Maximinstraße, stellen Helmut Arntz und Winfrid Heinen den vierten Band ihres Gesamtwerks »Deutscher Wein«, den Band »Sekt«, den »ersten deutschen Marktführer zu über 300 Sekten« vor. Das Buch ist das erste Produkt eines revolutionären Satz- und Druckverfahrens, wie die Hersteller behaupten, und Merkur steht in der ersten Reihe bei der Pressekonferenz. Die Pressekonferenz ist zugleich eine Sektprobe zur Dämmerstunde, Herren in grauen Anzügen und Damen in schwarzen Hosen sind gekommen, die Herren tragen Silberschlipse und die Damen Diademe im Haar. Ein Mädchen in weißem Kleid schenkt aus, sie ist gestiefelt und gespornt und trägt ein gesticktes graues Jäckchen mit Silberlaméfäden. Ge-

Mühle in Biewer

schickt bewegt sie ihre kräftigen Weinbauernhände, und einer der Herren sagt: »Es schmeckt ja besser, wenns von zarter Hand gereicht wird.«

Herr Heinen begrüßt die Gäste, ein Phantom fliegt über die Festung und verzaubert seinen Text. Die Prachtwerke erscheinen, Bücher im Großformat, und während Herr Heinen die Ersparnisse erläutert, die das neue Verfahren bringt, Zeitersparnisse, Arbeitsersparnisse, Produktionsersparnisse, während er sein Novum von Bildschirm und Lichtsatzmaschine für 96 Mark preist, lächelt der Herr von den Bischöflichen Weingütern, notieren die Pressereferenten die revolutionären Daten. Der Regierungspräsident hebt sein Glas, er lobt die technische Innovation und sagt: »Sekt und Wein ohne Kultur ist Selbstzerstörung«, und zeigt auf zärtliche Weise die dialektische Affinität von Trink- und Rationalisationskultur auf.

Dann stürzen die Herren zum Büffet in den Nebenraum, sie tragen die Teller in der Linken, die Gläser in der Rechten und die Bücher unter den Arm geklemmt. Wir sitzen am Fenster, Herr Becker aus Schweich kommt zu uns an den Tisch, er setzt sich, mit Kaviar aus Kreta und Kaninchenbein aus Longuich auf dem Teller, und sagt: »Die Saarländer sind widder die erschten beim Essen.« Bei Meeresfrüchten in Sherryessig-Rahmdressing, bei selbstgebeiztem Lachs in Honig-Dill-Senfsauce, bei Krabben und Avocados, bei Reh und Fasan besprechen wir die komplizierte Technik, analysieren aber auch die Spritzigkeit und das Bukett der Sekte. »Trier hat Wiesbaden in Sachen Sekt den Rang abgelaufen«, sagt Herr Schröer, Merkur zur Seite, »Trier liegt jetzt an erster Stelle, jedenfalls was die Zahl der Flaschen anlangt.«

Wir treten auf die Straße, das Prachtexemplar mit dem Prägedruck »Sekt« auf dem schillernden Farbumschlag paßt genau in unsere Trierer Tragetasche aus Plastik, auf der es heißt: »Standort Trier – Standort mit besonderem Profil«. Geht es von hier aus schnurstracks in die schönere Zukunft? Nimmt Trier seinen merkurischen Aufschwung mit dem Aufschäumen des Sektes, prompt und ohne Umschweife, wenn der Korken aus der Flasche springt? Was sagt Pater von Nell-Breuning als Wirtschafts- und Gesellschaftswissenschaftler zu diesem Aufschwung aus dem Saft der Rebe? Seine Doktorarbeit heißt: »Die Grundzüge der Börsenmoral«, sie wird doch wohl die Trierer Geschäftsmoral nicht dämpfen, »während der allerwärts sich kundgebende Speculationsgeist«, wie Herr Schlink vor 150 Jahren geschrieben hat, auf industrielle Unternehmungen gerichtet ist und Trier das Nachsehen gibt!

Schon rüstet die Stadt zu ihrer Zweitausendjahrfeier. 1984 ist das ominöse Jahr, in dem es, ginge es nach Georges Orwells Roman, dem Menschen gar nicht mehr möglich sein solle, differenziert denken zu können, weil die Sprache reduziert und der Mensch mit Hilfe einfacher Zeichen leichter lenkbar sein werde. Aber während die zentral gesteuerten Fernsehkameras und die verkabelten Abhörgeräte des Großen Bruders installiert werden, stellt Minister Schwarz-Schilling die Herausgabe einer Sonderbriefmarke für das Stadtjubiläum in Aussicht, und Trier selbst wirbt wortreich und sehr differenziert um Geschenke.

Wie eine Braut vor der Hochzeit hat die Stadt eine Geschenkliste ausgelegt, jedermann darf Wünsche erfüllen, eine Ruhebank für die Uferanlage, einen Konzertflügel für den Rathausfestsaal, einen Brunnen für den Basilikavorplatz schenken. Binding Bier hat Stimmkarten verschickt, auf denen die Bürger ankreuzen möchten, was sie sich von der Brauerei zum Geschenk wünschen, die Restaurierung einer Barockfigur, die Wiederherstellung der Alten Krahnen oder die Herausgabe einer neuen Wanderkarte.

Ja, Trier tritt mit mächtigem Schritt ins 3. Jahrtausend ein, auch wenn die Kobaltbombe droht, die nur die Bauwerke der Menschen ungeschoren und übriglassen wird. Aber womöglich greifen die Kriegsherren gar nicht zur sauberen Bombe, womöglich arbeiten sie konventionell und gefährden die schönen alten Dome und Paläste. Die Denkmalschützer haben Trier für schutzwürdig erklärt, blauweiße Fünfeckschilder werden, wie es die Haager Konvention von 1954 rechtsverbindlich geregelt hat, die schutzwürdigen Gebäude markieren, denn »jedes Denkmal ist ein Zeugnis der Gestaltungskraft einer vergangenen Epoche«, meint der Oberkonservator.

Dazu schrieb Herr Maxheim einen Leserbrief an den »Trierischen Volksfreund«, in dem es heißt: ». . . beantrage ich hiermit für mein Haus in der Soterstraße in Trier (Haus-Nr. 35) den Sonderschutzstatus und die Kennzeichnung mit drei Schutzschildern. Dazu folgende Begründung: Bei meinem Haus handelt es sich um ein Gebäude, welches vorwiegend zum Aufenthalt von Menschen dient. Insbesondere halten sich darin meine Frau Brigitte (33) und meine Kinder Esther (10) und Judith (7) auf, die wie ich gerne den Schutz der Allgemeinen Erklärung der Menschenrechte i. V. m. dem Grundgesetz der Bundesrepublik Deutschland in Anspruch nehmen möchten.«

Wird Trier eine Schönheit bleiben wie die begehrenswerte Freundin aus dem Hohelied Salomonis, mit schwellenden Lippen und blühenden Wangen, mit Taubenaugen, so wie sie Piattis Plakat zur Zweitausendjahrfeier zeigt? Nase und Stirnbein sind wie der Turm Davids mit Brustwehr gebaut, vielleicht trotzt die schöne Freundin dem Kobalt und den arglistigen Strahlen, Fischer Maathes jedenfalls ist skeptisch, er wird Trier verlassen, wenn die Welt unterzugehen droht. Er sagt: »Dann giehn eich zu meiner Tant in der Olewig.«

Was ewig uns glüht

Rückfahrt in die Zukunft

Rückfahrten gehen nie dorthin, woher man gekommen ist. Niemals mehr kommt man mit dem Kuhwagen hinauf nach Altlay in die Hunsrückberge, und auch mit dem Fahrstuhl gelangt man nicht hinab in die Römerzeit. Es geht immer voran in einer unaufhaltsamen Gegenwart, es gibt keine Hitze nach vorwärts, aber auch keine Rückkehr, sagt Nietzsche, es gibt, nach der Vernichtung aller Ideale, die neue Öde und die neuen Künste, um es auszuhalten.

Rückfahrten hätten den Sinn, die Sätze empfindlich zu machen für lange Strecken und Höhenunterschiede, sagt Max Bense, der poetische Wissenschaftstheoretiker, und er deutet den Tourismus auf seine epikuräische Weise als ein Fahren durch Wortfelder, an Silbengrenzen entlang. Wir fahren zugleich durch Örtlichkeiten und durch Namen hindurch, und beide sind mit der Hand zu greifen. Wenn aber die Dinge schon allzu sehr abgegriffen sind, wenn sie mehr und mehr zerfallen und in der Öde stehn, dann sind die Namen noch handgreiflicher als die Örtlichkeiten mit ihren Kuhwagen und Fahrstühlen. Alles sind Schreibweisen, und Name ist nicht Schall und Rauch. Es ist Professor Althaus von der Universität, der die Schreibweisen aufmerksam betrachtet, er taucht sie in die Theoriebäder seiner Graphetik und seiner Graphemik und untersucht, als was sie daraus wieder emporsteigen.

Werner Picht hat in seinem Trierbuch der Stadt eine

Sprache gegeben, er entbindet ihre Zunge, er läßt die Archäologen Orgien feiern, klopft an die Steine, daß sie Laut geben, legt den Spruch der Vergangenheit aus, erweckt die Stadt zu geräuschvollem Leben, und schon spielt ihm die Vergangenheit auf drei Klaviaturen: ihre Stimme ertönt in der Sprache der Ruinen, in der Kunde der Helden, im Raunen der Heiligtümer. Im Dom hört er das Gedröhn der weltlichen Tuba und die himmlischen Klänge der Chöre, in St. Paulin lauscht er den beschwingten Melodien zum Tanzschritt der Engel. Es scheint, als hätte Trier nichts anderes im Sinn, als den Mund aufzutun, einen mächtigen Schlund, aus dem ein Gurgeln und ein Grollen, ein Schnaufen und ein Schnalzen hervorgeht, das noch kakophonischer ist als alle Stimmen zusammengenommen, die Emil Zenz über Trier gesammelt hat. Doch manches Gestein erweist sich als taub, sagt Picht, aber er meint wohl, es sei stumm und teile seinen Spruch der Vergangenheit keinem Ohre mit.

Ja, das ganz Alte, lautlos, bröckelt zu Staub, rieselt zu Asche, sprachlos. Doch zum Glück bläst immer ein Mund in die Glut, daß sich ein Feuer entfacht, aus dem die Funken nur so stieben. Und so heißt es ganz am Ende, die einzige Rettung käme aus dem:

»Was mählich zerfällt
Und was ewig uns glüht.«

Das facht auch uns an, und so gehen wir noch einmal durch die Straßen Triers und gehen zugleich durch eine Vergangenheit, die sich aus Namen zusammenfügt. Die Namen sind dinglicher als der Fahrstuhl, der hinab in die Römerzeit gleitet und körperhafter als der Kuhwagen, der uns hinauf auf die Berge des Hunsrücks bringen könnte. Mit den Namen im Kopf fahren wir in die Zukunft zurück, die grün ist und nicht grau wie die Steine Triers.

Aber sind sie nicht gelb und leuchten mit einem Anflug von Rot und grünen sie nicht, wo der Wind hinkommt und hin und wieder ein Samenkorn mitbringt?

In Triers Straßen tauchen wir ins Pflanzenfeld, stapfen auf Tierfährten, streifen im Menschengetümmel. Es ist irdische Zeit, wir schlendern Am Weidengraben, drehen Am Birnbaum, wenden Am Forst. Weit draußen ergehen wir uns im Grünen, wo Vordere und Hintere Heide liegen, Vor Plein und Hinter Schlax. Hier wandeln wir Auf der Ayl und Auf der Hill, Zum Wasen und Zum Trauf, dort trotten wir Im Adel und Im Bautel, In der Olk und In der Trift. Gibt es Pferde An der Pferdsweide, Wölfe Im Wolfsgraben, Meerkatzen An der Meerkatz? In der Rindertanzstraße tanzen die Rinder, und in der Greifenklaustraße räkelt sich das Fabeltier mit Löwenleib und Adlerkopf, krallenfüßig und geflügelt. Eulen schlafen in der Großen und der Kleinen Eulenpfütz.

Ja, es ist irdische Zeit, aber lange vor Epiphanias, noch ist kein Kaiser, kein Gott, kein gnadenvoller Erlösungstag in Sicht, im Namen der Straßen sitzt das Gedächtnis fest, aber achtlos geht jeder vorüber. Kaiser und Kurfürst, Kronprinz und Pfalzgraf halten Hof im Imaginären, Deutschherren, auf ihr Schwert, Domherren, auf ihr Buch gestützt, sind zu Denkmälern erstarrt, und ein Straßenname sagt: Sieh um Dich! Wir sehen uns um, die Domherren haben ihr Buch aufgeschlagen, die Deutschherren schleifen ihre Schwerter, aber Lese- und Zwistzeit sind längst vorüber. Es herrscht der touristische Friede, und tausend Augen weiden das Gras der Vorzeit ab, blaue und braune, mandelförmige und geschlitzte, Katzenaugen mit Nickhäutchen, Pferdeaugen mit Scheuklappen.

Ganze Völker vertreten sich die Beine, Kelten und Römer, Juden und Thebäer, Goten und Franken, Merowinger und Karolinger. Ja, in den Straßennamen lustwandeln aber und aber Lateiner, Ambrosius und Gambrinus,

Agritius und Gervasius, Palmatius und Valerius. Aus den Namen treten leibhaftige Wesen hervor, Konstantin und Gratian, Alkuin und Balduin, der sanfte Dagobert, der finstere Golo, Genoveva, wie sie in ihrer Höhle schmachtet und Fortunatus, wie er sein Geldsäckel schwenkt.

Was ist nicht alles über Trier hinweggegangen? Zuletzt waren es die Franzosen, die Preußen, die Nazis. Aber die Trierer sitzen in ihrem Topf, und oben ist der Deckel drauf. Sie saßen im Frankenturm, im Dreikönigenhaus, im Fetzenreich, sie sitzen noch immer sicher, jeder in seinem Topf, und die Kirche ist der Deckel obendrauf. Trier ist eine geschlossene Gesellschaft, die Hölle sind die anderen. Was ewig uns glüht, ist das Höllenfeuer, das aus den Ruinen dringt, wenn die Steine, die wir anderen zum Leidwesen der Trierer angestoßen haben, übereinanderfallen und Funken schlagen.

Die Ruinen sind saniert, die Torsen geflickt, die Scherben gekittet. Triers Museen bewahren ihre Schätze, als seien es Geschenke der alten Heiligen, der alten Heroen, ja der alten Götter persönlich. Im Bischöflichen Museum liegt Jakob von Sierck, Triers Erzbischof aus dem 15. Jahrhundert, bleich und gelb und doch nicht grämlich auf seiner Grabplatte; Maria und Josef aber, bunt und brav, ziehen nach Ägypten, auf der Figurengruppe trägt Maria ihren Hut auf dem Rücken, Josef seine Axt auf der Schulter, der kleine Jesus, feist und frisch gelockt, lächelt selig wie ein Honigkuchenpferd.

Auf den Gemälden des Museums Simeonstift geht es mal frisch und fromm, mal frei und fröhlich zu. Hier sitzt Maria vor dem Tor eines umfriedeten Blumengartens, drei Engel fingern in einem Asternkorb, ihre Flügel schlagen, und der kleine Jesus greift verwegen nach der Backe des heiligen Michael. Ein anderes Bild zeigt das Ende eines Kartenspiels. Aber die Frauen hängen nicht, wie in dem Gedicht von Ringelnatz, vertrocknet am Gartenzaun, sie gehen mit dem Prügel über ihre Männer her, ein Taubenpärchen und der Spitz schauen zu, die Kinder fliehen, Schemel und Weinkrug sind umgestürzt. Oh, die kostbaren Trierer Trinkgefäße! Kristallisch blitzt das spätrömische Diatretglas im Rheinischen Landesmuseum, und der Götterbecher aus bemaltem Ton, mit Merkur und Minerva, mit Fortuna und Belona, preist sich auf trierische Weise an und ruft, vollmundig und verzückt: »Accipe et utere felix!«

Ja, nimm mich und brauch mich glücklich, heißt der eingravierte lateinische Spruch, nur ist es schade, daß niemand der Aufforderung folgen darf. Verhallt sie so gänzlich ungehört, unsere europäische Muttersprache? Noch vor zwei Jahren tagte ein Konvent der Lateiner in Trier, Komödien von Plautus und Terenz gingen über die Bühne, und Léopold Sédar Senghor, der afrikanische Dichter und Staatspräsident von Senegal, grüßte von weit her mit lateinischer Grazie. Dieses Jahr erreichte die Trierer Stadtbibliothek ein Brief aus dem spanischen Orense, adressiert an den »Director de la Biblioteca Central de Treveris«. Doch die spanische Post, ungeachtet des Vermerks, der Brief möge nach »Germania Federal« reisen, beförderte ihn nach Trevières in die Normandie, und die französische, die keine Zentralbücherei in Trevières vorfand, expedierte ihn weiter nach Treviso in Venetien. Erst die Italiener gedachten der römischen Vergangenheit Triers, und so flog der Brief geradewegs in eine erwartungsvolle Zukunft.

Ja, immer noch schlägt es Funken aus der alten Ödnis, die Künstler hauchen in die matte Glut. Lutz Herbig hebt seinen Taktstock, die Bläser des Städtischen Orchesters entfachen ein blendendes amerikanisches Feuer in Gershwins »Rhapsodie in Blue«, Bernd Bello Bender greift in seine Gitarre, es wirbeln die Musiker der Gruppe »Lusthansa« das Feuer zum Feuersturm auf: »Nur fjutscha«

heißt ihre LP, ja, nur Zukunft soll es geben in Trier, es dröhnt, was ewig uns glüht.

Aber was ist nun mit der Zukunft, was ist mit der Welt? Auf den Brettern, die sie auch in Trier nur bedeutet, ist Schillers Tyrann Fiesco nur fast ein Gescheiterter, Brechts Knecht Matti nur fast ein Freier, O'Neills Gastwirt Melody nur fast ein Poet. Die Zukunft, die so mächtig braust mit Pauken und Trompeten und in die großen Räume tönt, treibt auch die Sprache an, und Triers Dichter drängen aus dem Dreiländereck. Ursula Krechel ist davongeflogen. »Nach Mainz!« heißt ihr Gedichtband, sie flog über den Rhein hinweg, sie flog nach Frankfurt. Sie liebäugelt mit der Tragfähigkeit der Luft, sie wünscht sich einen zweiten Beruf, »vielleicht Kein-Bein-auf-die-Erde-Bringerin, Flugtraumdeuterin, Seiltänzerin, jedenfalls ein hochspezialisiertes, aussichtsloses Gewerbe«. Sie warnt jemanden, der es verdient hat, und sie sagt:

»Komm aus der Höhe herab
steig mal von deinem Roß

sieh einfach zu und staune

wie ich den Kopf hebe
die Schultern, die Arme
davonfliege in klarer Luft
ohne mich umzusehen nach dir.«

Ein Wind, ein Lüftchen, vielleicht nur ein Hauch ist der Stoff, aus dem die Träume gemacht sind. »Kunststoff« heißt das Trierer Kulturmagazin, und Rochus Groß, der erste Redakteur, bläst mit vollen Backen in die synthetischen Härteflammen. Es verformt sich der Stoff, es formen sich die Artefakte. Triers Maler haben den krudesten Stoff vor Augen, um so ätherischer griffeln sie, pinseln sie, stricheln sie mit Luft in den Federn.

Marterl bei Morscheid

Auf dem Plakat der Europäischen Sommerakademie sind vierzehn einzelne Hände abgebildet, sie halten Griffel und Pinsel, Stichel und Spatel, den Fotoapparat und die Zinkplatte, eine Hand greift ins Leere, sie symbolisiert den Körper, der mundlos spricht und sich seinen Ausdruck auch ohne Geräte verschaffen muß. Im Kunstzentrum Martiner Hof sitzt Erich Kraemer mit den Kursteilnehmern der Sommerschule zusammen, er ermuntert die besessenen Autodidakten, alle diese Maler und Zeichner, Keramiker und Siebdrucker, Steinbildhauer und Metallplastiker, und die Jünger der Körpersprache antworten ihm mit stummen Gesten.

Hinter den Häusern von Pallien steigt der Sandstein auf, das Schichtwerk der Blöcke, das Gezweig der Bäume, die Steinreihen der Mauern wiederholt sich in den Schraffuren des Malers Ramboux, der das zerklüftete Tal vor 150 Jahren gezeichnet hat, samt Wasserfall, Brücke und Kirchturm. Am Bachufer, auf schmalen Pfaden gehen Menschen mit Kiepen auf dem Rücken, auf der Brücke wandern drei Burschen vor einer hochrädrigen Karre her, vom gezwiebelten Kirchturm ragt das Gestänge einer Wetterfahne hoch in die Luft. Es ist nicht auszumachen, woher der Wind weht, jedermann geht seiner Beschäftigung nach, nichts und niemand auf dem Bild ist gegen den Lauf der Welt gestellt.

»Vigilate et orate!« ruft es von St. Gangolf, »Nescitis qua hora Dominus veniet!« antwortet es vom Dom, und so heißt auch die preisgekrönte Grafik des Ramboux-Preisträgers Klaus Swoboda; über dem Löwenkopf und der lateinischen Dominschrift reckt sich, in uneindeutiger Perspektive, die romanische Westfassade des Doms in einen geräucherten Raum hinein, das Bild der Welt und auch die Zukunft bleiben ungewiß, nein, Ihr wißt wirklich nicht, zu welcher Stunde der Herr kommen wird!

Aber die Parteigänger des klassischen Lateins mögen es

nicht, dieses volkstümliche Spätlatein, in dem der Spruch sich bewegt, der falsche Modus zeigt ihnen den Verfall an, nein, der Dom zu Trier verdiene dies nicht, sagen sie, und sie rümpfen die ciceronische Nase. Wir aber fahren in die Zukunft zurück wie Ernst Bloch in die Kindheit, in der noch niemand war. Wir tauschen die Zeiten ineinander, wir richten uns in den Räumen ein, die sich in jedem Augenblick in römische Bäder, in trojanische Pferde, in hängende assyrische Gärten verwandeln können. Wir legen uns Masken an, wie die Trierer, und damit laufen wir herum, um so wie sie, ausstaffiert und unerkannt, im kleinen Welttheater mitzuspielen. Ja, wir erheitern uns auf unsere eigenen und auch auf Kosten der Trierer, und wir sagen es laut, und wenn es sich nicht anders machen läßt, sagen wir es in unseren Büchern. Der Rhetor Aurelius Symmachus redete vor Kaisern, vor Valentinian und Gratian, wir reden vor einfachen Zeitgenossen, bei Berens in der Palaststraße, in der Akademischen Buchhandlung in der Fleischstraße.

Was wir sagen und schreiben, möge gedruckt werden, imprimatur! Genau so, »imprimatur«, heißt auch eine Trierer Zeitschrift radikaler Katholiken. Woher nimmt sie ihre Nachrichten, gibt es jemanden in der HALKO, der Hauptabteilungsleiterkonferenz im Generalvikariat, der ihr zuträgt, was sie dann nicht verschweigt?

»Chorführer: Beklemmend ist Vieles,
Aber niemand ist beklemmter
Als ein Mensch,
Der an der HALKO teilnimmt,
Befürchtend,
imprimatur hört mit.

Biedermann: Da!
Wieder erhebet sich einer vom Stuhle.

Weihwasser, am Becken über der Tür,
Keines hat er genommen.

Chor: Wehe, welch schwerer Verdacht!

Biedermann: Eilt wohl zu imprimatur,
Der Kerl,
Die neuesten Plän' zu verraten.

Chorführer: Oder er muß mal.

Biedermann: O, verdammt!«

Ja, so ist es wohl: »Ein jeder lernt nur, was er lernen kann«, sagt Mephisto zu dem Schüler, der all die Bücher unter dem Arm und getrost nach Hause trägt. In Trier kommt er aus einer der vielen Schulen, einer Berufsbildenden oder einer Fachhochschule, einer Landwirtschaftlichen oder einer Gewerblichen, einer Kaufmännischen oder der Pharmazeutisch-Technischen Schule, hier gibt es eine Volkshochschule und eine Katholische Akademie, und es gibt Gymnasien. O ja, es gibt Gymnasien, die nach Friedrich Spee und Angela Merici, nach Friedrich Wilhelm und Auguste Viktoria, nach Hindenburg und Max Planck genannt sind. Es gibt eine Privatschule und die Universität.

Wer denkt noch an das Kindererholungsheim, das Oberbürgermeister Heinrich Kemper im September 1947 weit draußen in Lieser und Kestenberg eingerichtet und »immer wie ein Vater umsorgt hat«? Die Trierer Kinder haben sich gegenseitig auf der Treppe und am Mittagstisch fotografiert, sie haben das Haus und den Garten, die Betten und den Waschraum, die Waschbecken und die Badewannen, die Duschen und die Zahnbecher, sie haben sich beim Volkstanz und Flötenspiel fotografiert, die Bilder in ein Album geklebt und ins Rathaus geschickt.

»Kinder, laßt uns fröhlich sein,
denn es geht ins Kinderheim«,

haben sie gedichtet, und der Kehrreim heißt:

»Kinder, laßt uns fröhlich sein,
o wie haben wirs so fein!«

Über allem aber thront die Universität. Sie blickt auf eine 500jährige, gebrochene Geschichte zurück. Immer wieder öffneten sich, immer wieder schlossen sich ihre Tore, zuletzt 1798, als die Franzosen das linke Rheinufer besetzten. Ganz neu begann es auf der grünen Wiese, hoch über dem Olewiger und dem Aveler Tal, auf der Höhe von Tarforst, wo es Pferde an der Pferdeweide, Rosen Im Alten Garten und schöne Geschichten Im Wiesengrund gab. Dann gab es bald akademischen Zuzug aus Berlin, den frischen Wind der Ideologie, das Feuer, das ewig glühen sollte, und die Universität sollte heißen »Karl-Marx-Universität«.

»Wir geben der Uni den Namen/ von Triers berühmtestem Ahnen!« riefen die Studenten im unreinen Reim, das war die Zeit, als es die Hessischen Rahmenrichtlinien gab, den schichtenspezifischen und den restringierten Code und nur formalistische, aber keine formalen Interessen bestanden. »Die wesentliche Form des Geistes ist Heiterkeit, Licht, und Ihr macht den Schatten zu seiner einzigen Erscheinung!« hatte Karl Marx zwar über das ganze verflossene Jahrhundert hinweg gerufen, aber die restringierten Studenten hatten kein Ohr für seinen Hohn auf die damalige preußische Zensurbehörde, die fast in neuhessischen Gebärden aufgetreten war.

Nein, die Studenten hatten kein Ohr für Karl Marx, und die Trierer hatten keins für Marx und keins für die Studenten. »Triers berühmtester Ahn?« fragten sie, und sie antworteten sich selbst: »Berühmtester Trierer Nr. 1 ist Kaiser Konstantin, berühmtester Trierer Nr. 2 ist Karl Marx. Ja, Karl Marx wurde in Trier geboren, aber das passiert uns nicht noch einmal.« Doch auch nicht Jenny von Westphalen und nicht Nikolaus von Kues, die in Trier als etwas Feiernswertes entdeckt und mit Posaunen und Plaketten geehrt wurden, durften ihren Namen einer neuen Universität leihen. »Unversität Trier« heißt sie nun, und so trägt sie ja auch den allerberühmtesten Namen.

Auf der grünen Wiese erhebt sich eine moderne Pappschachtelarchitektur, ein rotes Schlachthaus, ein blaues Versandhaus, ein gläsernes Gewächshaus. Auch die inneren Gebäudeteile sind in Baukastenweise zusammengesetzt, sie bestehen aus farbigen Funktionselementen und sind auch wie Zitronenkisten, wie Eierkartons, wie Pralinenschachteln gestapelt. Die Bibliothek erinnert an einen Flughafenabfertigungsschalter, das Informationszentrum ist bis unters Dach blechverkleidet, in gelben Röhren fließt Wärme, aus silbernen Jalousien dringt Kühle. Eine informelle Zebrakunst setzt sich bis in die äußersten Winkel fort, sie mustert die Plastikkörper und verwandelt sie in buntes Kinderspielzeug für das Vorschulalter.

In der Cafeteria sitzen erwachsene junge Menschen, in Jeans und breitgestreiften Pullis, mit Leinentaschen und Seesäcken, immer auf dem Sprung. Sie sitzen vor Kaffeebechern und Biomalzdosen, sie erfrischen sich vor dem nächsten Trip in die akademischen Lern- und Denkspiele. Erich Kraemers gigantisches Gemälde, in dem das Rot mit dem Schwarz, das Blau mit dem Weiß, aber auch das Rot mit dem Blau und das Schwarz mit dem Weiß korrespondiert, wölbt sich vor den Köpfen der kaffeetrinkenden Studenten so innenwendig, daß es kein Entweichen der Farben gibt und auch das Rot mit dem Weiß und das Schwarz mit dem Blau eine Verbindung eingeht und sich die klugen Köpfe hin und wieder heben und ein Nicken

Saarburg

hervorrufen, das aber weniger dem Form- und Farbenspiel Erich Kraemers als einem unbegreiflichen Denkspiel gilt.

Das Zauberwort heißt INFO, die Daten sind teils hermetisch, teils zum raschen Verbrauch gespeichert. Unter Kugellampen, an blauen Pfeilern, liegen die Tageszeitungen aus: The Times und The Observer, Le Monde und Le Figaro, das Neue Deutschland und de Volkskrant, der Bayernkurier und die Saarbrücker Zeitung. Nur Le Canard enchainé fehlt in seiner Box, ein Liebhaber hat ihn mitgenommen, er war nicht angekettet. An den Wänden sind Telefonzellen und Briefmarkenautomaten, Münzwechsler und Fotokopiermaschinen installiert, aber auch ein Feuerwehrschlauch, eine rote, zusammengerollte Schlange mit einem Kopf aus Messing, der im Neonlicht blitzt. Die gepolsterten Sitzbänke sind grün, künstliche Rasenplätze für die akademischen Denkspieler.

In den Glasvitrinen der Bibliothek sind Wilhelm Heyses Werke ausgestellt, sein Briefwechsel mit Gottfried Keller und Jakob Burckhardt, sein Deutscher Novellenschatz, herausgegeben von Ludwig Laistner, seine Dramen, seine Romane, seine Erzählungen. Die Erzählung »Einer von Hunderten« ist bei der Stelle aufgeschlagen, wo es heißt: »Eines Vormittags aber, im Lesesaal der Staatsbibliothek, sah ich gleich beim Eintreten meinen Diogenes an einem der Tische sitzen, einen Haufen Bücher neben sich aufgeschichtet. Eines war vor ihm aufgeschlagen, er hatte aber den Kopf in die Hand gestützt und die Augen geschlossen. – Ob er in Gedanken vertieft oder eingeschlummert war? Ich konnte mirs nicht versagen, hinter ihm vorbeigehend leise seine Schultern zu berühren und ihm einen guten Morgen zuzuraunen. – Er fuhr mit einer hastigen Gebärde auf und starrte mir finster ins Gesicht. Als er mich erkannte, erhob er sich. – Sie sinds!«

Wo sitzen die Trierer Diogenesse, wo sind die Einen

von Hunderten, von Tausenden, von Fünftausend? Sie haben die Schleife und das Kavalierstuch mit dem Wollschal und der Anstecknadel vertauscht, ihre Bücher sind Stöße von ungebundenem Papier, fliegende Blätter für einen einzigen Tag. Bald ist auch das Semester zu Ende, und in den Leinentaschen und Seesäcken werden handfestere Dinge verpackt sein als loses Papier. Und wer war Wilhelm Heyse? Einer von den »glatten Gesellen mit ihren aus der Vossischen Rumpelkammer hervorgesuchten Schulmeisterkünsten«, sagt Friedrich Hebbel, Heyses Novellentheorie ist vergessen, diese Falkentheorie, wonach »der Falke« das Spezifische sei, das eine Geschichte »von tausend anderen unterscheidet«. Das Feuer von Boccacios Ritter Federigo, der der Dame seines Herzens das letzte, was er besitzt, einen Falken, zum Mahl vorsetzt, ist nicht mehr das Feuer, das die jungen Leute glüht, sie sitzen in der Cafeteria, sie essen ein paar Würstchen, was in den Pappbechern dampft, ist Kaffee, was in den Blechdosen schäumt, ist Biomalz. Heyses Falke ist rot gefärbt, er fliegt über die Tarforster Flur für ein komplementäres Grün.

Im Sommer kommt die Universität in die Stadt. Aus allen Erdteilen sind Studenten zum Internationalen Ferienkurs angereist, Trier bietet sich an, mit Herz und Hand, mit Geschichte und Gastronomie. Das Haus Fetzenreich, Herberge der katholischen Studentengemeinde, öffnet seine Pforte zum Abschiedsabend. Im Kellergewölbe sind die Tische gedeckt, praktisch und amerikanisch, mit Papiertischtuch, Papierservietten, Plastikbestecken. Der Imbiß ist deutsch, Schinken und Wurst, Gurken und Tomaten, Brötchen und Kümmelstangen garnieren die Pappteller, und ein 1981er Sensheimer Bienengarten Kabinett, den die Kursteilnehmer auf einer Moselfahrt getrunken und sich für ihren Abschied gewünscht haben, rauscht in die Gläser. Aber der Weg von

Sensheim nach Trier ist krumm und kurvig, und der Wein, heftig geschaukelt, schmeckt nicht mehr so spritzig wie zu Anfang der Woche in Sensheim. Vielleicht ist es auch die nüchterne Stunde, die ihn geschüttelt und so kreppig gemacht hat. Jeder faßt sich ein Herz und nippt mit gezogener Unterlippe.

Inzwischen ist es halb acht geworden, die deutschen Imbißteller locken schon mit deftigem Anruf, doch die Gäste, hungrig, aber wohlerzogen, warten auf die akademische Begrüßung und wählen den deutschen Einstieg ins Abendessen, das Salzstängchen. Während Frau Professor Müller-Fohrbrodt, die Psychologin, als Vertreter des Präsidenten die Gäste begrüßt, erfüllt schon ein mahlendes Geräusch den Raum. Die Zertifikate sind ausgehändigt, die Hoffnungen abgehakt, zwischen den Zähnen zermalmt ein lernwilliges Volk seinen Traum von Kultur, die geistige Speise hat sich in die leibliche zurückverwandelt, ein hartnäckiges Wiederkäuen ist im Gange, ein Knabbern und ein Nagen, brav und unerschütterlich, denn das deutsche Dauergebäck gibt seine Nährkraft nur widerstrebend her.

An den Tischen sitzen kleine, zierliche Französinnen und große, blonde Dänen, Iren, Belgier, Inder, Japaner, die noch ein letztes Blitzlicht zünden, und Amerikaner, die das Ende der Feier nicht erwarten können. Sie kamen aus »Downtown«, Triers einziger Tagesdiskothek in der Hosenstraße, und hinterher eilen sie in die Nachtschuppen und schweben noch einmal auf der neuen deutschen Diskowelle. Da sitzen sie bei ihren Gasteltern, freundlich der Däne, kokett die Französin, aber die Amerikaner scharren schon ungeduldig mit den Füßen. Die Französin hat bei ihren Gasteltern den Fluppes von der Ruwer getrunken und sogleich ihre Leber- und Nervenkrisen verloren; der Däne, evangelisch, hat mit seinen Gasteltern die katholische Messe besucht, und da sitzt er, noch immer verwirrt von gegenreformatorischer Prachtentfaltung.

Professor Althaus dankt den Kursleitern für ihre Arbeit bei Tage und den Tutoren für ihre Arbeit bei Nacht. Es war nicht allen recht zu machen, o nein. Der eine beklagt die zu seltenen, der andere die zu häufigen Weinproben; dem einen wurde zu viel, dem anderen zu wenig Grammatik geboten; der eine wollte mit noch mehr Deutschen, der andere sagte: o Gott, nicht noch einer! Professor Althaus hatte den deutschen Alltag aufs Programm gesetzt, die gesellschaftliche und psychologische, die sprachwissenschaftliche und pädagogische, die literarische und geschichtliche, die politologische und juristische Betrachtung durchdrangen eine die andere, und es entstand ein Bild von Deutschland, wie es in keinem Bilderbuch gemalt ist. Davon blähten sich die bildungshungrigen afrikanischen Nüstern, blitzte es in den wißbegierigen asiatischen Augenschlitzen, und die amerikanischen Bürstenhaare, blond und akkurat geschoren, sträubten sich vor lauter Erkenntnisdrang. Das Mädchen aus Botswana tauchte in die Tiefen der deutschen Seele, der junge Mann aus Nagasaki bohrte in spröden deutschen Ideen, und der Kalifornier, entschlossen, wie er war, griff nach den deutschen Sternen.

Ja, der Rechts- und der Literaturwissenschaftler, der Geograph und der Soziologe, der Geschichts- und der Politikwissenschaftler, die Psychologin, die Pädagogin, die Wirtschaftswissenschaftlerin und Herr Althaus persönlich flankierten und durchdrangen einander, nachdem der Dichter auf dem Podium gestanden und heilige Kühe der Deutschen notgeschlachtet hatte, Mercedes und die Lufthansa, den Fußball und den Schäferhund, den heiligen Abend und das chinesische Essen. Er hatte, zum Erstaunen aller Versammelten, einen Blick in die Zukunft gewagt, wie sie hinter den heiligen Errungenschaften liegt, grün und gesellig, und jedermann konnte sehen, wie die Löwen bei den Lämmern weideten und die Lämmer mit den Löwen gingen und ihnen in ihre Schwänze kniffen.

»Der Geschichtsschreiber erzählt, was wirklich geschehen ist, der Dichter, was hatte geschehen können«, sagt Aristoteles in seiner Poetik, »deshalb ist die Dichtkunst eine philosophischere und noch ernstere Tätigkeit als die Geschichtsschreibung«, und so hält es auch der Dichter mit Trier. Der deutsche Alltag ist Fitneß und Tai-Ginseng, das Ding an sich und die faustische Geschäftigkeit, das, was ewig uns glüht; der Trierer Alltag ist der Wein, und die Studenten aus aller Welt, im Karree um die gedeckten Wirtshaustische, prosten einander und auch den Gasteltern zu, die am Abschiedsabend alle mild gestimmt sind und ihr Erstaunen ausdrücken. Ja, was war das für ein Franzose, der nicht sparsam mit dem Wasser umgehen und jeden Tag duschen wollte? Was war das für ein Amerikaner, der das Ei im Eierbecher ansah, wie es da lag, als etwas Unberührbares in seiner Schale, mit dem Hymen der heiligen deutschen Einfalt umhüllt? Nun reisen sie wieder in ihre fernen Heimaten und lassen das deutsche Wasser und das deutsche Ei den Deutschen zurück, den Trierern zumal, die in neue Semester, in neue Denkspiele, in neue Zukünfte hinübergehen.

Während Kaiserslautern, das robuste, die Naturwissenschaften betreut, pflegt Trier, die zarte, die Geisteswissenschaften. Genau in der Mitte der fünf Fachbereiche, die zum einen das Lehren und die Sprachen, zum anderen den Betrieb und das Recht besorgen, liegt der Bereich, der, außer der umtriebigen Politik, weit außerhalb und unten in den Trierer Tiefenschichten wirkt. Es ist das, »was mählich zerfällt und was ewig uns glüht«: die Archäologie, die Ägyptologie, die Papyrologie. Die alten Schreibweisen zeichnen sich in den Köpfen der Trierer Studenten

In Saarburg

ab, es rillen sich die Hirnrinden, es furchen sich die Hirnhäute, aus den Pappbechern das belebende Coffein, aus den Biomalzdosen die nährenden Enzyme befeuern die grauen Zellen und bilden das besondere Trierer Profil heraus.

An weißen Resopaltischen, paritätisch und im Karree, sitzen die Damen und Herren des Fachbereichsrats der Sprach- und Literaturwissenschaft zur Neuwahl des Dekans. Vor Overheadprojektor und weißer Projektionswand ist es ein Vorgang wie in einem Laboratorium, weder das zarte Grün der Wandtafel noch das grelle Grün der Stühle weckt ein Gefühl nach Natur. Es sind Damen und Herren in Brillen und Bärten, mit und ohne Krawatten, in Ausschnitt- und Rollkragenpullovern, in Manchester und in Flanell. Es gibt männliche Grauköpfe und weibliche Blondschöpfe, auch Herren mit gelichtetem Scheitel. »Ich kann auch langsamer lesen«, sagt der amtierende Dekan, der die Paragraphen der Wahlordnung verkündet, aber Don Pedro und Señor Gomez stimmen in das Gelächter mit ein, o nein, das wird nicht nötig sein. Fast wäre der Kandidat nicht gefragt worden, ob er die Kandidatur annehme, aber Herr Schulz, der Fachbereichsreferent, hat ein Auge auf die Versammlungsordnung, er sammelt die Wahlzettel persönlich ein, er hakt die Stimmen persönlich ab, er persönlich prüft die heilige Liste. Herr Althaus ist einstimmig gewählt, er knöpft die Jacke zu und nimmt die Wahl an. Auch bei der Wahl des Prodekans ist es Herr Schulz, der es sich nicht nehmen läßt, höchst persönlich die Zettel einzusammeln, auszuzählen, abzuhaken. Ja, auch Herr Hasler ist einstimmig gewählt. Er seinerseits knöpft die Jacke auf und nimmt die Wahl an.

Die Damen und Herren des Fachbereichsrats klopfen auf die Tische, sie verabschieden sich sprachlos, ihre Zustimmung ist medienbedingt, ihr Medium ist die Stimme des Kunststoffs, die dumpfe Resonanz des Resopals. Vom Sitzungszimmer aus geht der Blick über Felsbrocken und gefaltete Dächer auf das Grün des Tarforster Plateaus. Vor dem Hauseingang ist ein Steinblock auf gemauertem Sockel zu sehen, an der Hinterseite ist ein ganzes Gebirge aufgehäuft, Monumente der Ökokultur, die aus der grünen Vergangenheit nahe ans Menschenwerk herangerückt sind.

In welche Zukunft fahren wir zurück? Hier oben sind die Silbengrenzen hart gezogen, die Wortfelder karg, die Lautgräben tief und dunkel. Hier oben ist es still und einsilbig, Filsch und Irsch heißen die Dörfer, Schell und Schock die Fluren. Auch über die Ruwer und ihre Höhen hinweg wird es nicht gesprächiger, da liegen Fell und Thomm, Herl und Kell. Und bei Zerf ist man schon an den Grenzen des Saarlands, wo es redseliger zugeht und die Narren sich die Masken noch dichter vor die Augen halten als in Trier.

In Gusterath, beim Seniorennachmittag der Volkshochschule Trier-Saarburg, sitzt Frau Wester mit ihren Gästen beim Sonntagnachmittagskaffee unter dem prächtigen Ortswappen. Der rote Löwe einer Gusterather Familie schnalzt mit der Zunge und wedelt mit dem Schwanz, links unten steht, ehrfurchtgebietend, das rote kurtrierische Kreuz im silbernen und rechts unten der goldene Romikaschuh im blauen Feld. Ja, Romika, das Trierer Schuhwerk zum aufrechten Gang!

Unten im Ruwertal liegt die Fabrik mit den alten Gebäuden im Fachwerkstil und den neuen, häßlichen Zweckbauten. Zwischen der Zickzacklinie der Werksdächer und dem gemütlichen Walmdach des Feuerwehrhauses posieren drei blaue Kessel mit Druckventilen, Handrädern, Tellerverschlüssen. Ein Schiffsmast mit Takelage, wie ein Requisit aus dem »Fliegenden Holländer«, steht neben einer Hainbuche, deren Stamm, dicht am Flußufer, in einer mächtigen Tülle steckt. Auf die Rinde ist ein Plakat genagelt: »Tanz mit Tombola im Geizenburger Stübchen, Pluwig-Geizenburg, am Samstag, Beginn 20 Uhr. Es spielen für Sie die ›Bel ami's‹.«

Sommerau liegt da wie aus einem Gedicht von Friedrich Spee, nicht nur des Namens wegen. Auf dem Pfad zur Ruine begegnen wir einem alten Bauer, er nimmt die Pfeife aus dem Mund und sagt: »Dat war en Ritterburch in ganz frühen Zeiten.« Das Dorf liegt so einsam im Winkel, als sei es von Ludwig Richter gezeichnet. Die Burg ist aus Schiefer gemauert, kein Prospekt, keine Tafel erzählt ihre Geschichte, wenn die letzte Mauer, schon geborsten, nicht mit Kalkbeton restauriert wäre, dann könnte sie über Nacht stürzen wie die Säule in der Ballade von des Sängers Fluch.

Am Boden wachsen Huflattich und Löwenzahn, eine Eiche wirft ihre Pfeifchen in den Spitzwegerich. Der alte Mann qualmt und spuckt, tief unten vor einem Bauernhaus dengelt jemand eine Sense, eine schwarzhaarige Frau, mit Kopftuch und langem, geblümten Kleid, halb Moselanerin, halb Zigeunerin, tritt aus der Scheune und wirft eine Handvoll Körner vor die Hühner, die dort mit Gegacker über die Tenne gehen. Wieder nimmt der alte Bauer die Pfeife in die Hand und sagt: »Ja, dat steht in keiner Chronik drin.«

Die Straße steigt an, auf den Feldern liegt dürres Kartoffelkraut, in den Hohlwegen wächst Holunder. Oben auf der Höhe, an einem Feldweg vor Morscheid, einer Apfelbaumreihe gegenüber, steht, zwischen Rosen und Wacholder, ein Marterl. Auf dem Stein heißt es: »Hier wurden am 6. August 1883, Vigil des Heiligen Donatus 4 Personen aus Morscheid vom Blitze getroffen, aber gottlob am Leben erhalten! Denk ans Sterben!« Es blitzte, es donnerte, vier Menschen lagen am Boden, aber sie sind am Leben geblieben, damals. Der Heilige, mit Heiligenschein und Silberstiefeln, trägt einen Feuerhut in der einen, einen Zackendraht in der anderen Hand, hatte er am Vortag seines Namensfestes die rettende Hand im Spiel?

Donatus, der Schutzpatron, tritt aus seinem Marterl heraus und ist Donatus, der Lehrer des heiligen Hieronymus. Ja, es gibt zwei Donatusse, zwei Geschenkte des gleichen Namens. Die Gebeine des Patrons liegen in Münstereifel, die Schriftwerke des Grammatikers stehen in jeder lateinischen Schulbibliothek. Schreibweisen, sagt Professor Althaus, der in Morscheid wohnt, aus seinen graphetischen und graphemischen Theoriebädern steigt, linguistisch geläutert, die Bedeutung der Schreibweisen empor. Was soll man da sagen? Auf der Höhe von Morscheid stehen Schafe in einer Hürde, sie fressen Gras. Weiden sie das Grün ihrer eigenen Hoffnung? Ist dieses Grün die Farbe der einzigen Wahrheit, die Farbe Gottes, wie Professor Sauser meint, oder ist es die Farbe der Alternative, die Farbe Rousseaus, die zurück zur Natur, zurück in die Zukunft weist?

Das Gold jedenfalls, das einmal die Farbe Gottes gewesen sein soll, sei zu den Banken übergewechselt, sagt der Professor, und das Blattgold, mit dem die Welt überzogen sei, decke nur sehr oberflächlich die grüne Lasur, die über der ganzen Schöpfung liege. »O edelstes Grün!« rief Hildegard von Bingen, »o du grünende Lebenskraft!« und noch immer sonnt sie sich in ihrer heiligen Veriditas.

Wir kamen, wie Ausonius, vom Hunsrück an die Mosel, wir fahren, mit Hildegard von Bingen, über den Hunsrück hinunter in die Seitentäler der Saar, verwahrt im Faradaykäfig, gesichert mit Gurten, eingebunden in eine glatte Infrastruktur. Hildegard, in ihrer Grünheit, sieht auf jeden Baum und spricht vom Grün der Erkenntnis, aber dann sieht sie auf die Straße, auf die Benzinstationen, auf die Waldparkplätze und spricht vom Weltgestank. Vor uns fährt ein LKW mit Anhänger, auf seiner Rückfront lesen wir:

»rhenania moderne logistik«.

Die Initialen und Vignetten sind Variationen Trierer Motive, aufgefunden in den Straßen, in den Museen, in der Phantasie.

Inhalt